CAIFU DILIUBO
ZAIJIA WEICHUANGYE

财富第六波

在家微创业

禹路 刘勇军 ◎ 编著

企业管理出版社
ENTERPRISE MANAGEMENT PUBLISHING HOUSE

图书在版编目（CIP）数据

财富第六波：在家微创业 / 禹路，刘勇军编著. -- 北京：企业管理出版社，2015.6
ISBN 978-7-5164-1078-3

Ⅰ. ①财… Ⅱ. ①禹… ②刘… Ⅲ. ①企业管理Ⅳ. ①F270

中国版本图书馆CIP数据核字（2015）第128251号

书　　名	财富第六波：在家微创业
作　　者	禹　路　刘勇军
责任编辑	程静涵
书　　号	ISBN 978-7-5164-1078-3
出版发行	企业管理出版社
地　　址	北京市海淀区紫竹院南路17号　　邮编：100048
网　　址	http://www.emph.cn
电　　话	总编室（010）68701719　　发行部（010）68701816 编辑部（010）68414643
电子信箱	80147@sina.com
印　　刷	北京市十月印刷有限公司
经　　销	新华书店
规　　格	145mm×210mm　　32开本　　8.25印张　　150千字
版　　次	2015年10月第1版　　2015年10月第1次印刷
定　　价	68.00元

版权所有　翻印必究　·　印装有误　负责调换

创作团队

禹　路： 世界华商联合总会副秘书长、中国自主创业大会秘书长、晨讯传媒集团总裁、《新华商》杂志总编、《中国直销内参》总编、中国直销业研究课题组特邀专家

艾　莫： 全球最具国际化经验的华人培训大师、营销企划大师、系统创富教练、国际企管顾问、互动成功（加拿大）集团总裁、美国互动企管顾问公司首席执行官

胡国安： 联合国和谐文化促进使者、湖南省政协常委

萧慧玲： 直销全人培训系统创办人、鼎达教育首席国际名师、台湾桢豪国际顾问有限公司总裁、广州桢豪企业管理顾问有限公司创办人

徐浩然： 知名品牌学者，北京大学博士后，中国市场学会副会长，中国中小企业协会副会长，浩然天下资产管理公司董事长，远东控股集团等企业董事，享受国务院政府特殊津贴专家

孙晓岐： 世界华人总裁联合会主席、大中华国际投资管理有限公司董事长、品牌建设专家

胡　军： 晨讯传媒集团创业合伙人、执行董事、新华商全媒体中心运营总经理、新华商领袖俱乐部执行秘书长、广东晨讯商情广告传播有限公司总经理

李　越： 晨讯邦达北京公司总经理、500强企业家俱乐部秘书长、500强企业品牌书系总编、清华大学紫荆管理培训中心副主任

刘勇军： 晨讯直销邦顾问、直销100网总顾问、晨讯咨询资深顾问、高级咨询师

何　涛： 世界直销（中国）研究中心专家委员、世界针灸联合会中国灸法研究中心秘书长

众筹联合发起人星系图

张惠芬
王海舟
徐新程
王岷
黄健伦
胡沨
杨洪涛
王晓芳
刘文明
胡少怀
苏师
王卫兵
欧阳继延
孙承春
萧慧玲
奉子
文伟军
胡国安
廖恒辉
钱人齐
禹路
蒋运权
艾莫
何碧仪
姜滨英
孙晓岐
李越
陈丽娜
郑珂
赵勇
郭延昕
徐旻
段守平
姜炳丞
陈晓星
金洋
田肃
赵茂喜
李棋
常正威
何志永
郭家成

马奕达　张晋菘　余朋飞　易文革
再飞　吴沅霖　王敬民　封云峰
王嘉铄　刘凡　史宜昆　周慧灵　李海铭
陈秀才　王淳枫
何涛　唐向前　丁亮
徐浩然　赵巍程
勇军　谭洪祥　段皓天
张兴淼　许一进　王勇
宫骏隆
李政沅　于爱军　袁有贞
任天纬　何天顺
少伟　勤彭蓁
杨华
严梦云

众筹联合发起人星系图

陈麒羽　叶莹　陈勇君　毕晓君
沈义　吴弈德　田红英　唐建辉　吴俊良
尧金夫　王美娥　王宁　李圆福　袁东汉
吴志鹏　张思玲　闫育纲　向新凤　李居安
张宝文　张将祖　苗志成　蒋雄
述云　刘晶　卫同俊
　　　刘朔　任丛民　丘少勤
唐辉勇　张永明　寇晓一　唐薪然
邓玉鹏　黄禹尊　李国明
　　　徐宏通　刘享林
姚雨姗　吕昌盛

4

目录

自　序：　在家微创业是时代的趋势
推荐序：　"微创业"改变着什么
前　言：　从PC到移动端——个人互联网时代的升级

第一章　我们所处的世界

特征一：速度 /003

特征二：危机 /009

第二章　互联网的力量

网络世界钱潮滚滚 /018

互联网创业浪潮再起 /026

谁是中国新一代富豪 /032

草根一族网上创富传奇 /036

从Web2.0到Web3.0 /040

大众创业，万众创新的时代 /045

第三章 直销——微创业的最佳选择

直销是微创业典型而重要的形式 /050

创业大趋势——交互式合作 /051

由金钱的四个象限看直销的好处 /054

传统直销作业模式的困惑 /057

直销行业E化的大趋势 /060

直销E化的四大收获 /062

直销系统的E化实践 /064

决胜终端的E化直销商 /066

第四章 微创业的趋势

微创业的技术平台 /070

网络营销创业 /081

在家操作系统 /087

网络消费习惯的养成 /089

如何建立有效的在家操作系统的网站 /096

步入视频时代 /101

直销人怎么把握互联网机会 /111

双"微"时代，微商崛起 /117

第五章 直销与微营销的碰撞与融合

移动商务时代直销面临的挑战 /130

直销行业微信营销现状 /136

直销巨头的移动互联网实践 /142

抓住年轻一代 /161

直销人的微营销实战经验分享 /167

2015 年微商发展的八大趋势解析 /172

第六章 微创业常用的营销工具与操作技巧

微信的商业价值 /178

在微信平台上创业 /181

微商创业要做的准备工作 /190

2 分钟学会开微店 /194

怎样与好友快速成交 /197

客户转介绍攻略 /208

让客户成为代理商 /211

空间营销：不可忽视的营销利器 /213

QQ 空间实战营销技巧 /216

QQ 空间和腾讯微博的融合营销 /224

2015 年做好微商的五大要点 /226

附　录：

《财富第六波——在家微创业》众筹发起人领袖榜 /230

自序

在家微创业是时代的趋势

人类社会发展的历史表明：工具的革新必然引起社会关系和结构的变革。从远古文明、农业文明到工业文明皆是如此，网络文明时代也不例外。

20年前，比尔·盖茨曾说，用互联网可以将地球连接成一个村。今天他的预言已变成现实。互联网作为人类最伟大的发明之一，改变了人类世界的空间轴、时间轴和思想维度。中国接入互联网20年来，已发展成为世界互联网大国，互联网不仅培育起一个巨大市场，也催生了许多新技术、新产品、新业态、新模式，创造了上千万就业创业岗位，可见这是一个潜力巨大的创业市场。在互联网经济的影响力无孔不入的今天，一个人只需用一台电脑，甚至只需一部手机，坐在家里摇身变为百万富翁已不是天方夜谭。

据网络零售行业数据显示，截至2013年12月，中国网络零售市场交易规模达18851亿元，较2012年的13205亿同比增长42.8%。预计到2020年，我国互联网用户数已经高达8.38亿，以网络零售为主的电子商务交易规模将逼近50万亿元，约为2010年的10倍，中国俨然成为全球第一大电子商务交易市场。如此巨大的市场空间，如此巨大的消费群体，都为互联网创业者创业成功打下了坚厚的基石。

2014年11月19日至21日，我国举办了规模盛大的首届世界互联网大会，这也是世界互联网领域一次盛况空前的高峰会议。国务院总理李克强在这次大会上指出，互联网是大众创业、万众创新的新工具。只要"一机在手""人在线上"，实现"电脑＋人脑"的融合，就可以通过"创客""众筹""众包"等方式获取大量知识信息，对接众多创业投资，引爆无限创意创造。互联网突破既是科技革命，又是保障公平的社会变革。一个人无论出身如何、财富多寡、受教育水平高低，都有机会通过互联网获得到一个走向市场的阶梯。

李克强强调，中国政府高度重视、大力支持互联网发展。我们以拥抱的姿态对待互联网，用市场的思维培育互联网，努力实现自主进入市场、市场化配置要素、企业公平竞争。2014年以来，中国政府进一步加大简政放权力度，新增市场主体呈井喷之势，达1000多万家，同比增长60%，其中绝大多数是小微企业，很多都与互联网、信息技术应用有关。

李克强总理在讲话中提到的小微企业，其实就是用微小的成本或者在细微的领域进行创业的企业。这种创业模式我们称之为微创业。另外，通过微平台或者网络平台进行新项目开发的创业活动，也称微创业。微创业是一种自主解决就业问题的创业模式，主要特点是投资微小、见效快、可批量复制或拓展，一个人足不出户，坐在家里就能以网络为平台与实际实体的结合而展开创业。从这个意义上讲，微创业也称为在家创业。

微创业的概念最早出现于2011年1月发起的一项"中国互联网微创业计划"，该计划首次提出了比较完整的关于微创业的运营模式，并推出了所有项目与互联网、移动互联网等先进技术和营销手段相结合以实现成效最大化的微创业原则。2011年3月份，两会期间，微创业经过两位两会代表陈天桥、厉以宁的提案，成了两会期间非常热门的时髦词。

全国政协委员、著名经济学家厉以宁在全国政协十一届四次会议举行的记者会上表示，解决就业问题，可以靠鼓励微创业。全国政协委员、盛大网络发展有限公司董事长兼总裁陈天桥与厉以宁的观点相同，他在两会期间针对草根创业提出了《大力扶植文化原创者创新，实现"微创业"梦想》的提案，他建议推出切实有效的措施，帮助广大草根进行微创业，实现"中国梦"。

微创业不仅是顺应互联网发展的一个必然选择，也契合了现阶段社会经济的发展要求。十七大报告首次提出了"实施扩大就业的发展战略，促进以创业带动就业、完善支持自主创业自谋职业政策，使更多的劳动者成为创业者"的政策，十八大报告也提出要贯彻劳动者自主就业，鼓励创业，以创业带动就业等方针。在这样的背景下，微创业一经提出就受到了广大网民、各大媒体新闻、企事业单位、广大应届毕业生及各企业在职员工等多方人员的关注和追捧。这标志着中国已进入一个全民微创业的时代。

而直销是众多创业模式中人员基数最大，成功率最高的创业模式。从2014年下半年以来，我国政府监管部门改进了直销监管的工作方法，把支持和推动直销企业发展作为监管工作的出发点和落脚点，这激发了直销企业和广大直销从业人员的热情，2014年中国直销行业整体业绩刷新纪录，达到约1350亿元。

在互联网浪潮的推动下，直销行业跨界融合逐渐成为风潮。围绕人们的生活、消费、工作、娱乐、睡眠等方面的需求，未来直销企业的产品体系将更加庞大，界限概念进一步模糊。另外，直销获得互联网的有效支持后，在信息流转、数据处理、现金支付、物流配送等方面的效率将大大提高，进而带来更大的经济效益、更广阔的销售市场及更高的利润。有志于网络直销事业的人，坐在家里就可以进行微创业，即在家创业。

互联网和知识经济的浪潮已经改变了财富的分配方式，而对于许多中国的年轻人来说，首先要改变的恐怕还是观念。当你找工作处处碰壁的时候，当你觉得怀才不遇的时候，为什么不换一种思维：与其为别人打工，不如自己去创业！这个时代已经为一切梦想提供了"10倍速"成功的可能，所以，千万别错过微创业的大好机遇，否则，互联网经济时代的财富快车就会从你面前一晃而过。

禹路

推荐序

"微创业"改变着什么

作为一个实实在在的创富行为,"微创业"所改变的,不单单是我们固有的思维模式。

若干年前,说到"微创业"这三个字,人们可能还会觉得很陌生,但是现在,"微创业"已逐渐形成一股热潮,备受世人瞩目,其深层动因是它所开创的这个理念及行为暗合着这个时代的发展特质,也顺应着当下民生的切实需求。"微创业"所给这个世界带来的种种变化,值得我们细细玩味。

作为庞大群体的一种社会化行为,"微创业"不再是一部分个体的差异化劳作,它改变的不单单是工作与生活的界限。

谁也很难说清楚人类社会究竟从何时开始有了工作与生活的区分,但在我们的经验中,努力工作的基本初衷首先是为了生存,其次是为了更好地生活,而工作又往往是一件很苦的差事。支撑这个逻辑的第一个基本前提是:但凡要工作者,必须暂时离开我们天天休养生息的温暖之家,要么到办公室、工厂、工作间、舞台、会场等等建筑类场所,要么到街道、马路、工地等户外式场所，要么到汽车、火车、轮船、飞机等移动性场所……总之，与家庭无缘；支撑这个逻辑的第二个基本前提是：工作就是压力，就是无奈，就是被人管治，就是加班……国内一家门户网站曾经做过一个有近七千名被调查者参与的网上调查，对于"你所在单位经常加班吗？"这个问题，有64%的人选择"经常加班"，有27%的人选择"偶尔加班"，而每次加班2小时以上的多达78%，而超时加班能获得补贴的员工只占17%。今天，在家工作的微创业者彻底改变了这一现实。他们借助一台小小的电脑，彻底颠覆工作与生活的界限——我们可以更加自由地安排我们的时间，不必再看老板脸色行事；我们可以根据自己的金钱、财富以及身体的状况自主地设定我们的工作节奏，而不必再受制于每周五天的工作制或者朝九晚六的上下班时间……在"微创业者"的眼里，有钱与有时间原来并不一定是一对天生的矛盾，做一个有时间的有钱人，方能得大自在！

财富是科技的铺路石；同时，科技也是财富的助推器。在互联网出现以来的很长一段时间里，利用电脑科技以及新盈利模式为一部分商业机构创造财富的种种神话早已让我们的眼界波澜不惊。这个神话正在被"微创业"模式彻底颠覆。科技与财富的链接，由于"微创业"而更加个性化，不过，这还不是财富第六波的真正冲击波。为每一个个体带来创造财富的可能性机会，才应该是这个时代真正的创富大潮！当网络不再是一个简单的信息工具，而变成了一个创富工具的时候，购买电脑就有可能不再是消费的行为，而变为投资的行为；通过电脑上网也可能已经不再是消遣行为，而是生产行为。当然，更重要的一点是，当Web2.0把电脑从一个单向的信息接收者转变为双向的信息反馈者，乃至于信息的发布者的时候，电脑也不再是一个简单的信息终端，而成为一个信息的源头。微创业的实现，使得在IT世界当中的盈利者不再是简单的门户网站或势力庞大的商业机构，每一个拥有电脑以及互联网资源的个体，都有机会通过这台机器为自己挣钱，从养家糊口到成为富豪。"微创业"，就意味着不用出门；一些人不出门就意味着街道的交通可能不再拥堵；交通的顺畅就意味着我们的城市可以减少很多污染的排放。而这一切又意味着我们的生态环境可能会更加绿水青山……

一位著名的管理学者说过一句颇具后现代韵味的话：现如今，任何一个行业其实都是娱乐业。换句话来讲，无论工作着还是生活着，人们总在追求着快乐的元素，因而我们看到不同行业的人们一次次地宣导着各种各样的"快乐工作"法则。可是，我们无论在工作中注入什么样的快乐元素，还有什么比在家里面就能创业、工作乃至致富更让人快乐的吗？我在一篇叫《屋子》的随笔中曾说，有的人有很多的屋子，却没有自己的家；有的人有很多的家，却没有自己的屋子……不过，我现在更想说：有的人勤奋地工作着，可却没有自己惬意的生活；有的人虽然可以很惬意的栖居，但却为自己没有称心的工作而苦恼。在家进行微创业，使工作与生活、自由与快乐、科技与金钱、资源与环境的关系不是趋于紧张而是变得更加亲和。据美国劳工统计局的一份报告显示，美国有六分之一的成年人欢迎在家创业，全国有1800多万以家庭为基础的企业，每年预期收入为4270亿美元。更值得关注的是，他们的每周平均工作时间比非在家创业的人士少10个小时左右，而每年平均收入约为工薪阶层平均薪资的两倍。有人估计在未来10年，中国在家创业的专、兼职人员也将达到1亿人左右，预计将造就5000至10000亿元的产业规模。它将改变当前中国GDP的产业布局。

因此，在家创业之热，以及由此带来的微创业之热，是可以预期的一种社会趋势，也是值得全社会大力支持的。吾之挚友禹路先生用他敏锐的眼光捕捉到了这一社会热点，并为大家奉上这一既启发智慧又提供实操经验的生动力作，确实让人钦佩。当个人的生存与发展不需要占用太多"无谓"的社会资源，且又能为社会创造无限的物质与精神财富的时候，"个人与社会"的互动关系便生发出了无限可能，社会和谐的可能性又多了一种现实注脚。也许，互联网对人类社会的真正贡献也正在于此！

值此《财富第六波——在家微创业》隆重出版之际，且容我对"微创业"多说几句个人助兴感言。是为序。

徐浩然

知名品牌学者，北京大学博士后，全国品牌社团组织联席会主席，中国市场学会副会长，中国中小企业协会副会长。多所高校研究员、兼职教授。浩然天下资产管理公司董事长，远东控股集团等企业董事、独立董事，享受国务院政府特殊津贴专家。

前言

从 PC 到移动端——个人互联网时代的升级

"你"是《时代》封面人物

这期《时代》周刊年度人物特刊的封面印着一台计算机,计算机显示器屏幕上赫然写着大大的"YOU"字。《时代》周刊解释说,现代社会正在进入"新数字时代的民主社会",社会的重心正在由机构向个人转移,因此2006年的当选者是正在使用互联网或创造互联网内容的每一个人。

9年前,美国《时代》周刊评选出2006年度人物,不是具体的某个人，而是正在上网的"你"。

这期《时代》杂志封面图案是一面镜子。对此，《时代》周刊编辑理解释说："你们，而非我们，改变了信息时代，镜子恰如其分地反映了这一点。"

一句话，《时代》周刊认为，每个使用互联网的网民才是2006年度影响力最大的人。

作为全球最具影响力的新闻时政刊物，《时代》的权威性毋庸置疑。《时代》周刊从1927年以来每年评选年度人物，选择标准是："一个人或一些人，对于新闻媒体和我们的生活影响最大，不管这种影响是好是坏；能够代表本年度最重要的新闻事件，无论这种事件是好是坏。"

远的不说，请看2000年以来的当选人物：

2000年年度人物：当年在美国大选中获胜的美国总统小布什；

2001年：前纽约市长朱利安尼，他在震惊世界的9·11恐怖袭击事件后恢复了纽约人的信心；

2003年：美国大兵，他们是伊拉克战争的主角；

2004年：竞选获连任的小布什再度当选；

2005年：微软总裁比尔·盖茨夫妇和著名摇滚乐队U2主唱、社会活动家波诺。

年度人物够分量了吧？

2006年的评选中，"你"击败了诸如伊朗总统马哈茂德·艾哈迈迪·内贾德和领导国会跨党派"伊拉克研究小组"的美国前国务卿詹姆斯·贝克等名人。

《时代》周刊编辑说，虽然2006年也有许多新闻事件主角引人关注，但都不如互联网网民之间前所未有的交流与合作更令人瞩目。

事实上，这并不是《时代》周刊第一次做出这样"离奇"的选择。

1983年1月3日出版的《时代周刊》破天荒地将PC列为"年度风云人物"，《时代》周刊写道："有时候，在一年中最有影响力的不是一个人而是一个过程，而且整个社会都普遍认定，这一过程将改变所有其他的进程。……因此，《时代周刊》将PC选定为1982年的年度人物。"

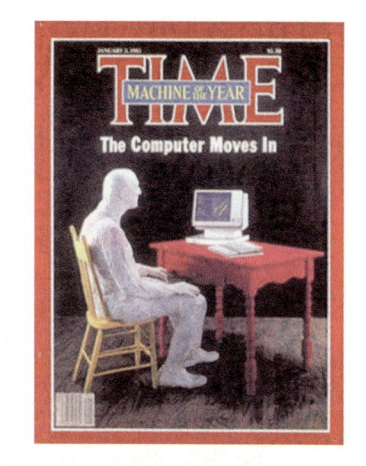

看看眼下遍布世界各地每个办公桌上的PC，你不能不佩服《时代》编辑们的眼光。

所以，我们有理由相信，随着"你"——准确地说应该是我们每个网民集体当选为《时代》周刊年度人物后，网民对世界的影响已经成为一种大势所趋。

面对这意外的大奖，你是选择继续做"看客"？还是成为名副其实的"主角"？

两届美国总统顾问、著名经济学家保罗·皮尔泽在《财富第五波》中写道，"下一个兆亿美元的产业正在萌芽，这个产业将深入我们的生活的各层面，并在十年内创造一兆美元的商机。……是目前尚未普及的保健产业。"

而我们要在本书中要告诉世人，紧随财富第五波，有一个更大的机会，一个超过任何产业，影响波及任何一个阶层，有望比工业革命以来所有的机会还大的一波财富浪潮，正降临到我们每一个人头上，我们称之为"无边界创业",更通俗的说法也叫"在家创业"——由于保罗·皮尔泽将健康产业喻为"财富第五波",我们愿"站在巨人的肩上",将"在家创业"这一趋势称为"财富第六波"。

"在家创业"这个词你也许听起来有些似曾相识,或许你会想起"SOHO"这个词(small office home office),中文的意思是"在家办公",那你可就理解错了,在家创业远不是传统意义上的SOHO那么简单和狭窄。随着互联网的发展,尤其是近期移动互联网的爆发,个人从来没有像现在这样具有颠覆传统和权威的力量。

从PC到移动设备,百姓选择"自投罗网"

北岛曾写下一首一字诗《生活》,诗里只有一个字"网"。生活是网,一张无形的,不可触摸的网。衣食住行、电脑、互联网,让"天方"不再"夜谭"。让你我也许不再是原来的"你我"。

从大块头到掌上宝贝

电脑似乎从诞生开始就不是为了普通老百姓而设。世界上第一台计算机占地1500平方英尺,重达30吨,换算过来,这是一个占地足足半

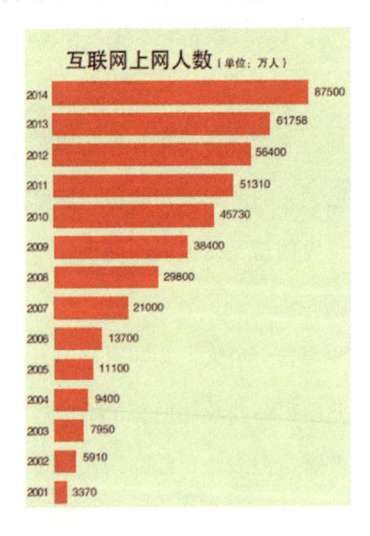

互联网上网人数	(单位:万人)
2014	87500
2013	61758
2012	56400
2011	51310
2010	45730
2009	38400
2008	29800
2007	21000
2006	13700
2005	11100
2004	9400
2003	7950
2002	5910
2001	3370

个房间大小，净重六只大象的庞然大物；即使到了1994年以后电脑逐步在中国普及，这个外形圆滚圆滚的台式电脑仍被人们称为"大屁股机"。

最初的上网需要通过单线连接拨号上网——平均拨号速率只有14.4Kbps，费用却十分昂贵。如今，作为生在互联网发展蓬勃阶段的90后几乎每人手中都捧着一部精巧的平板电脑或智能手机，享受着平均100Kbs的网速，每个人都能轻而易举地在网上搜索到需要的信息。而4G时代的到来，更是重塑起一个全新的互联网格局。

从被动接受到主动发布

19年前的1996年，中关村的王志东主导了四方利通公司的第一个正式站点的建设，诞生了日后的新浪网，与此同时，搜狐的前身爱特信公司也开始崭露头角。从前的门户网站以海量的新闻信息吸引着众多网民的眼球，理所当然，上网似乎只是为了浏览新闻信息，被动接收网站每日每夜疯狂涌来的信息浪潮。

之后，博客在网络风起云涌，开启了web2.0时代，也刮来一股自主发布内容的清新之风。现在"自媒体"不再是一个新鲜词汇，"网友"、"大咖"、"草根"等用户自创的网络用语撒网式广泛传播，微博、微信、人人等社交工具已经成了我们的私人媒体发布平台，每个人都有机会参与网络大事件，在这个时代建构起属于自己的个人定位。

从看看看到买买买

在电子商务兴起之前，人们很难想象上网购物，在家等货上门是怎样一种体验。即便在2003年淘宝网开始进入用户视野，支付宝上线大声呼喊着"你敢付，我敢赔"的响亮口号时，普通用户都还处于谨慎的观望状态。在当时的人们看来，网上购物是一种多么冒险的事情，资金在看不见的链条上，万一转进了别人的账户呢？

而今一分钟交易量数十万笔、交易金额达1亿元已经不再是难以想象的天文数字，红红火火的双十一成了各家媒体争相报道的新闻头条，各家电商竞相追求的奇迹。从19年前还是蜻蜓点水式的网上购物到现在网上购物成为零售主旋律；从19年前坚持现金支付的商品交易到现在第三方支付；从19年前除了信件传达才会接触的快递到现在物流仓储的完善，上网已不仅仅只是"冲浪"了，还有电商环境下不断呼喊的"剁手剁手"。

微商崛起

超6亿的微信用户，在移动互联时代，成就了一批新兴创客——微商。不同于实体经济时代的资本为王，也淡化了淘宝电商兴起初期的先行者优势。微商拼的是闯劲儿，比的是独特营销模式，85后成了其中最主要的创业群体。在中国，微商正在逐步成势……

微商是以"个人"为单位，利用web3.0时代所衍生的载体渠道，将传统方式与互联网相结合，不存在区域限制，且可移动性地实现销售渠道新突破的小型个体行为。

微商包含微信电商，但微信仅仅是微商的一个小的组成部分，是其中的一个媒介载体。微商指的是在移动终端平台上借助移动互联技术进行的商业活动，或者简单地指为通过手机开店来完成网络购物。

在这个时代，"只要有WIFI和智能手机，再加上一颗创业的雄心，不管你在哪里，都不会边缘化。竞争的立足点变平等了，你也许只靠着一台手机，就能实现小虾米和大鲸鱼平起平坐的对抗了"。

种种迹象表明，随着社交媒体移动端的日益成熟，"财富第六波"——一个在家创业的时代已经演化为在家微创业的趋势。

**CAIFU DILIUBO
ZAIJIA WEICHUANGYE**

财富第六波
在家微创业

| 第 1 章 |

我们所处的世界

让我们看清现在的社会环境

在非洲，瞪羚每天早上醒来时，
他知道自己必须跑得比最快的狮子还快，
否则就会被吃掉。
狮子每天早上醒来时，
他知道自己必须追上跑得最慢的瞪羚，
否则就会被饿死。
不管你是狮子还是瞪羚，
当太阳升起时，你最好开始奔跑。

特征一：速度

● 2005年12月8日9点30分，日本瑞穗证券公司的一名经纪人要以61万日元1股的价格卖出股票。然而，这名交易员却把指令输成了以每股1日元的价格卖出61万股。

这一秒钟的失误，立刻引发市场的剧烈波动，人人都在疯狂买进这种股票。等到瑞穗证券公司意识到这一错误，55万股股票的交易手续已经完成。这个错误，前后共让瑞穗证券蒙受了至少270亿日元（约合18.5亿人民币）的损失。

● 2013年我国一秒钟完成的产值，在64年前需要用511秒的时间才能完成。

● 2013年，全球GDP每一秒钟产生234万美元的产值。世界第一经济强国美国，一秒钟产生的效益则是53万美元。

● 2013年6月11日17时38分02.666秒，长征二号F改进型运载火箭带着神舟十号腾空飞起。中国人飞翔太空的旅程又一次开启。15天之后的8时07分，飞船着陆后，航天员聂海胜、张晓光和王亚平健康出舱。这一刻，距离神舟十号顺利返回362天又22个小时。

● 世界上最快的计算机每秒钟运算33.86千万亿次，这台由中国国防科技大学研制的"天河二号"超级计算机，第四次摘得了全球运行速度最快的超级计算机桂冠。

● 在全球最快的五台超级计算机中，有三台为美国所拥有。但美国能源部仍将投入巨资打造更快的超级计算机。2014年11月14日，总部位于纽约州的计算机巨头美国国际商用机器公司（IBM）宣布了一项3.25亿美元的协议，称其将于2017年和2018年向美国能源部提供名为Sierra和Summit的新型超级计算机。届时，这两台超级计算机的浮点运算速度将分别达到每秒150千万亿次和100千万亿次。

● 每一秒钟都有6吨石油从地下涌进中国的经济血管中。

● 地球上每天每一秒就至少有四个婴儿呱呱坠地。

我们生活在一个速度制胜的时代。创新和资讯冲击所带来的最直接影响，就是让人们逐渐认识到市场竞争其实就是一场速度制胜的游戏，只有抢占先机者才能胜算在握。

实时响应，反应灵敏

《孙子兵法》上说："激水之疾，至于漂石者，势也。"激流的速度决定了石头能否漂浮起来。在当今以科技为主导的全球竞争中，行动就是一切，言语务求行动的解释，行动务求早赢，早赢务求利润的增长。我们生活在这样一个世界中，需要迅速地反应，迅速做出决策，并且能够立即预见到这个决策所带来的结果。有的零售商会在气温每变化两度的时候改变其冰激凌的售价；也有些公司则通过检索数据库，花几秒钟就能查询到以前需要几年才能回答的业务问题，从而帮助经营决策。个体的经营活动也是一样，每一个人都需要实时的、随需应变的答案。

信息经济社会的到来

20世纪初以来,知识技术革新在经济增长中的地位日益增强,20世纪70年代,随着各类专业咨询机构纷纷成立,掌握丰富知识的专业人员逐渐脱离一家或几家固定的企业。同时,知识的快速更新,以及高度专业化,将使得企业对一些专业技术的拥有成本变得非常昂贵,企业开始采取租用方式从其他专业公司获得具有相关知识技能的员工。员工与生产企业不再具有固定的雇佣关系。生产某种产品所需要的特殊的、专业的人力资本逐渐成为经济增长的决定性因素。

在如今的现代企业中,高科技投入、知识投入已占生产成本的90%。在发达国家,技术在经济增长中的贡献率是:20世纪初为20%左右,50～60年代为40%～50%,70～80年代为60%～70%,随着信息高速公路建设,这一比例将达到90%。其中信息产业占国内生产总值比例,发达国家已达到40%～60%左右。1990年以来,美国计算机及其他信息设备的投资占全部投资的一半以上。发达国家的服务业比例持续增长,1998年已经达到71%,这就是产业结构"软化"的现象。世界经济进入非物质化时代,信息正在取代物质资源成为创造财富的主要源泉,经济增长从资源消耗型转向知识和技术型,彻底改变着人们的工作与生活模式。信息技术将成为经济全球化和新经济发展的物质基础。

1770年,瓦特发明蒸汽机代表着第一次工业革命的开始,但瓦特的发明真正影响社会和世界经济是在50～60年后,在铁路、邮政、电报发明后。同样,20世纪40年代发明的计算机代表着信息技术的开始,但直到1990年后,国际互联网——Internet的出现才使计算机信息技术开始影响人类社会及经济的发展,因此信息技术对人类社会的影响远远还没有全部发挥出来。展望以后的20年，绝大多数专家都认为技术变革的速度将超过最有远见的专家在五年前所能预见到的程度，今后10年所能带来的技术变革要超过整个20世纪的总和。

现代信息技术发展

信息技术的普及带来了劳动生产率的提高，促进了世界各国产业结构升级，并成为世界经济新的增长点。信息技术革命加快了劳动力与科技人才在不同产业、不同国家之间的流动，并促使企业经营管理、组织结构和人事制度发生深刻变革。

网络时代的到来

信息技术革命按照其计算模式的发展大致可以分为三个阶段，首先是传统的"主机／终端"模式的主机时代。随后是20世纪80年代中期以来的"客户机／服务器"模式，由于个人电脑在其中占有非常重要的位置，所以第二阶段又可称为"PC时代"。在20世纪90年代末期，随着国际互联网的高速发展，开始盛行浏览器／服务器结构，网络计算的模式已经成为IT计算模式的主流，第三阶段称为"后PC时代"——网络时代。

后 PC 时代，电脑技术的运用在 IT 行业的地位逐渐被网络技术的运用所替代，这主要是因为国际互联网的发展速度已经超出大多数人的想象。随着网络规模的扩大，接入网络给用户带来的效用呈爆炸性成长的态势。网络的发展并不依赖于个人电脑的发展。随着网络技术的发展，能够与国际互联网连接的通讯工具将越来越多，个人电脑的信息传递、信息处理等功能将逐渐被分离、独立出来，以适应未来人们对上网日益增多的需求。

变化的加速

企业面临的商业环境的变化不是匀速发生，而是加速发生的，需要以更快的反应来面对新的变化。而且科技的创新和政府规则愈加突然和难以预测，并带来游戏规则的改变。

技术创新持续地改变着我们的商业运作模式，而客户不断加速换用新的产品和服务，对企业也提出了更高的要求。农业社会人们过着"日出而作，日落而息"的日子，土地是最主要的资源，社会变化很慢，一切都可以预期。从瓦特发明了蒸汽机开始，社会进入了工业革命时期，手工生产的模式逐渐被标准化的精细分工的工业化大规模生产模式所替代，生产效率大幅度提高。这波工业革命中最重要的控制因素是"资本"，拥有庞大的资本便可控制一切事物的进行，公司规模越大，越能取得规模上的优势，获得超额的利润。**现在我们进入了信息时代，信息的传递越来越快，谁最快地拥有最新的信息、知识，谁就将成为商业世界新的主宰。**在工业革命中最重要的控制因素"资本"，在新的世纪中被"资讯"所替代，以前的"资本家"，也被现在的"知本家"所代替。小鱼吃大鱼，快鱼吃慢鱼的例子屡见不鲜。

特征二：危机

竞争的加剧

　　竞争是所有企业面临的首要挑战。随着市场透明度的提高，竞争愈来愈激烈，竞争者们都在争先恐后地给客户提供新的价值，以保有或扩大市场份额。其实现代产业中的竞争大大超越了现有参与者的范围，顾客、供应商、替代品以及潜在的进入者均成为产业现存者的"竞争对手"，竞争更加广义，可称为"拓展竞争"。

　　一是现有竞争对手的竞争。传统的竞争者以人们熟悉的方式争夺地位，通常是价格竞争、广告战、新产品引进、技术进步、增加顾客服务等。在经济不景气或产业增长缓慢的行业，对于寻求扩张的公司来讲，竞争的内容就成了一场争夺市场份额的竞赛。

二是新的竞争者的加入。新的竞争者往往从某一点切入，专注于某些领域并获得优势，他们会不断攫取现存的竞争者从其消费群体中获得的利润。如果加入一个产业的新对手引进新的业务能力，带有获取市场份额的欲望，同时也带来可观的资源，结果价格就可能被压低或导致守成者的成本上升，利润率下降。

三是规模经济对竞争的影响。在经济全球化的趋势下，企业也因为对规模经济和对低成本的追求大大加强了竞争的激烈性。当一个国家在某一产品的制造中拥有显著成本优势或质量优势时，这个国家将成为产品的产地，从而向世界其他国家出口。全球性企业总是能利用他们的比较优势，在全球竞争中获得优势。

四是消费者对竞争的影响。消费者或买方越来越聪明，在竞争激烈、市场透明的环境中，他们拥有越来越多的权利，通过压低价格、要求较高的产品质量或索取更多的服务项目，并且从竞争者彼此对立的状态中获益。所有这些，都是以牺牲产业中企业的利润为代价的。

计算机信息技术革命通过国际互联网在现实空间全球化之上，叠加了一个虚拟空间的全球化，后一个全球化的发展势头将比前一个全球化更为迅猛，并有力地推动前一个全球化即现实空间全球化进一步向前发展。迄今，有赖于地缘空间或地理位置的竞争优势将会逐渐丧失，你不得不一面盯住地理商圈里的竞争对手，一面盯住不知道会从地球上哪个角落冒出来的"虚拟商圈"里的竞争对手。只有比竞争对手更快地获取和处理信息，"创造不可取代的位置"，面对瞬息万变的市场能及时做出反应，才是企业得以生存和发展的关键。《财富》榜上全球500强企业在2000～2014年间有一半以上退出了500强的行列，他们没有保住"不可取代的位置"。

没有保证的时代

国际管理大师汤姆·彼得斯在《重新想象》一书中谈到，我们的工作正在发生不可逆转的变革。而现在，劳动者们（你和我）必须随着工作一起改变。

我们每隔几代人就要经历一次工作和生活的巨变。劳动者先后经历了离开农场——进入工厂；离开工厂——进入大城市的高楼大厦中成为白领的过程。

如今，软件机器人正在接手以往的脑力劳动。**我们必须再一次找到全新的方式来增加价值。而这一次，变革并非仅仅是数百万人从工厂的A职位转移到高楼里的B职位那样简单。我们必须把自己转变成真正的商业人士，而不仅仅是无足轻重的脑力劳动者。**新的你和我要成为创新的、能承担风险的、独立的企业家，而不是仅仅具有润滑组织功能的男人（或女人）。

"当全世界都变得触手可及"

"在全球经济中，政府无法给予任何一个人确定的成功模式，但可以给人们工具来打造他们自己的人生。"

没有保证！

唯一类似的保证是：拥有真正伟大的工具以便在真正的地球村里竞争。

"自由职业者"观念：

● 现在，不到 1/10 的美国人为财富 500 强公司打工；

● 按人头算，美国排名第一的私人雇主不再是通用汽车或美国电话电报公司，而是人力资源公司——庞大的临时工作的代理机构；

● 我们之中大约 1600 万～2500 万人是自由职业者或独立签约者。现在有 300 万临时工作者——包括临时律师，临时工程师，临时项目经理，甚至临时 CEO；

● 微型商业（定义：雇佣 4 个人或少于 4 个人的公司）是我们中的另外 1200 万～2700 万人的家园。

总体而言，大约 3100 万～5500 万的美国人已经占据了"非传统"的工作职位。工作职位的本质将会让我们的父辈感到惊奇，甚至是震惊。从中可以总结出的经验：

1. 终身雇佣制已经结束；

2. 大公司中的稳定雇佣已不复存在；

3. 通常所说的个人事业一般会包含两到三个"职业"，以及六个或更多的雇主；

4. 我们中的大部分人会以某种自我雇佣的形式度过职业生涯中的一些阶段；

5. 要点：朋友们，我们是独立的；

6. 这并非理论，这正在进行中！

移动互联网创业者需要知道的六大趋势

1. 智能手机时代进入新阶段

2013年，中国互联网人口数达6.3亿，渗透率达46%。其中，移动互联网用户数达5亿。

无论是在全球还是中国范围内，人手一机的景象马上就要到来，每个人和每部手机都成为移动互联网产业的渠道。

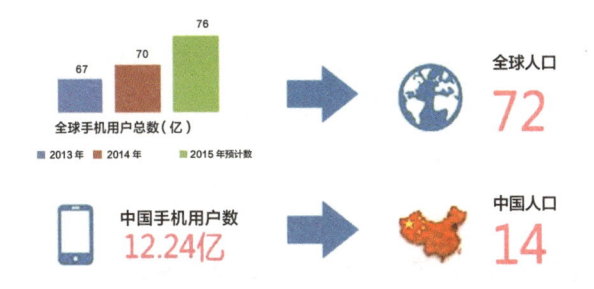

全球手机用户总数（亿）：2013年 67，2014年 70，2015年预计数 76

全球人口 72

中国手机用户数 12.24亿

中国人口 14

结论是：从以上数据来看，智能手机和平板电脑还有很大的增长空间。

互联网用户向移动端迁移已成定局

2016年，智能手机用户数将正式超过功能手机用户数。2019年，智能手机用户数将高达56亿。智能手机将成为人类最主要的智能终端设备。

2. 移动服务的机会窗口刚刚开启

移动营收：广告尚未成主力

2013年，互联网广告营收增长16%，移动广告增长47%，后者在互联网广告中占比增至11%。虽然移动广告增长乐观，但移动应用营收占移动端整体收入的68%，远高于广告。

3. 连接混搭且多样，一切皆可连接

入口之争已经出现，争夺的入口将更多元且角逐激烈。做有入口的生意有前途，争夺主要表现在：人与人、人与终端、终端与终端、人与服务。

4. 不可回避的碰撞和融合将交替发生

目前，几乎所有的PC和移动游戏都可以联网进行，2014年以来热门的旅游、餐饮、教育等行业已开始向移动互联网渗透。O2O就是由团购大战和打车软件大战共同催醒的。打车软件大战和千团大战既是商家的竞争，也同时教育了商家，为市场发展奠定基础。

无论是线上的商家或线下的消费者，都已经具备大规模线上交易的技术条件；移动互联网势力与传统生态的碰撞和融合在交替发生。遭遇

中国移动互联网用户数和渗透率情况（2013）

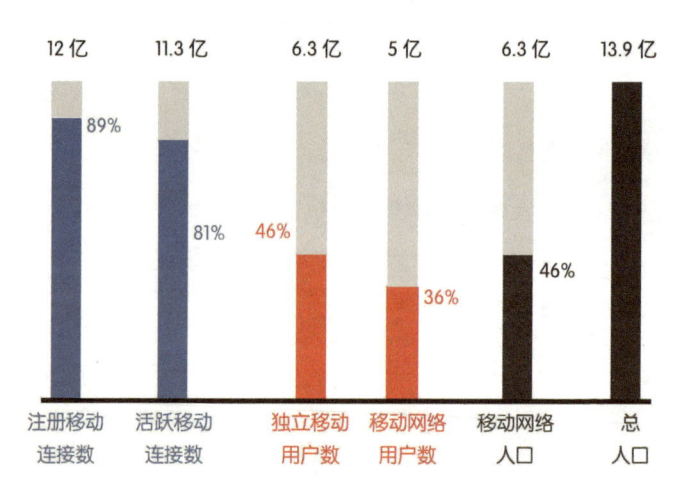

	注册移动连接数	活跃移动连接数	独立移动用户数	移动网络用户数	移动网络人口	总人口
数量	12亿	11.3亿	6.3亿	5亿	6.3亿	13.9亿
渗透率	89%	81%	46%	36%	46%	

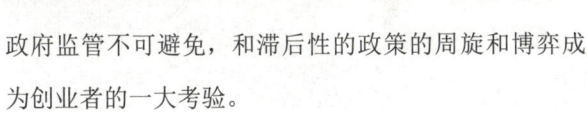

> 看,这两个市场已经率先被撬动起来
>
> **中国餐饮O2O在线商务用户规模**
> 2012年为0.98亿,相比2011年增长58.1%;2013年这一数字上升到1.39亿,预计到2015年这一规模将超过2亿。
>
> **中国打车软件用户规模**
> 以滴滴打车为例,补贴之前,其用户数约2200万,日均订单数为35万单;3月27日,用户数突破1亿,此后日均订单数维持在520万左右。

政府监管不可避免,和滞后性的政策的周旋和博弈成为创业者的一大考验。

5. 世界更平,一二三线的边界模糊

世界是平的,移动互联网让世界更平。服务去城市化,一线、二线和三四线的边界模糊。

启示:用户密度是新的考量指标,不必再纠结到底是几线城市,哪里有用户去哪里。

6. 互联网对传统行业的大渗透在重塑新边界

随着互联网对传统产业的渗透,以及巨头之间碰撞加剧了边界的扩大,无不孕育着诸多新的创业机会。

(1) 传统教育领域正受冲击

以在线视频、在线教育为代表的平台型渗透保持了较为平稳的发展轨迹。其中,在线教育因其对传统培训机构的冲击成为今年的热点领域。

行业的整合与洗牌在继续

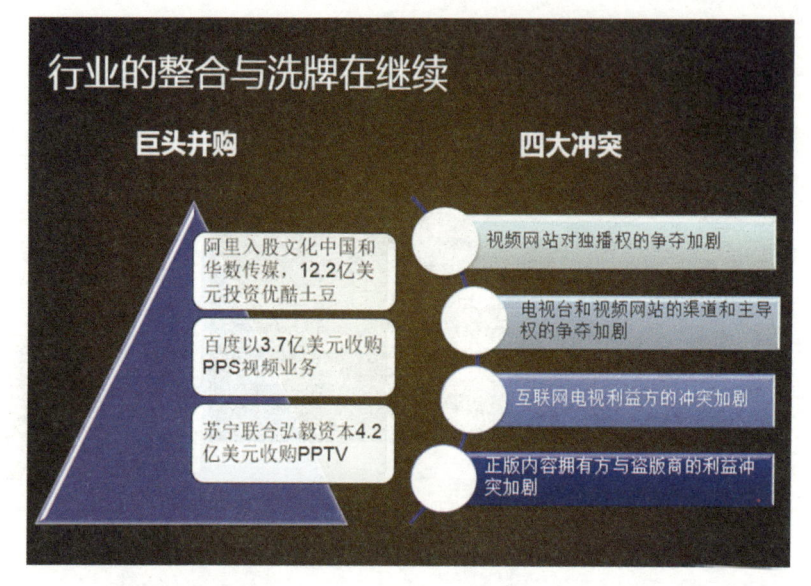

巨头并购

阿里入股文化中国和华数传媒，12.2亿美元投资优酷土豆

百度以3.7亿美元收购PPS视频业务

苏宁联合弘毅资本4.2亿美元收购PPTV

四大冲突

视频网站对独播权的争夺加剧

电视台和视频网站的渠道和主导权的争夺加剧

互联网电视利益方的冲突加剧

正版内容拥有方与盗版商的利益冲突加剧

（2）在线教育在发芽

因为受到在线教育的冲击，执传统培训机构牛耳长达十年的俞敏洪也不得不疾呼：新东方商业模式不再改变就会落后！

（3）在线旅游的模式演进在悄然发生着

年轻人正逐步告别传统旅行社。

（4）视频变局

你已经多久没有打开电视机了？

（5）传统制造业变天在即

中国制造的纠结：

等死：不向线上转型就可能坐而待毙。

找死：往线上转型可能遭遇水土不服。

**CAIFU DILIUBO
ZAIJIA WEICHUANGYE
财富第六波**
在家微创业

| 第 2 章 |

互联网的力量

网络世界钱潮滚滚

我们先来看一下世界互联网状况

2014年11月25日,联合国国际电信联盟(ITU)最新研究显示,全球网民已突破30亿人,而且其中2/3网民都住在发展中国家。此外,2014年全球互联网使用率继续稳定增长,平均年增长率6.6%。研究显示,从2009年到2014年5年间,发展中国家的互联网用户数量已经增加一倍,2/3网民现在都生活在发展中国家。

2006年12月,全球网站数为105,224,649个,比上年增长3090万个,年度增长达到41.5%。而到了2014年9月,据"互联网实时统计"(Internet Live Stats)表示,全球互联网网站数量已超过10.6亿,而且这个数字还在不断增加。

由此可见全球网民众多，可谓"人潮涌涌"。

再来看"钱潮"

数据显示，2004年全球电子商务交易总额已经达到2.7万亿美元，2006年达到12.8万亿美元，2011年全球电子商务交易达到40.6万亿美元。

由于亚太地区的经济高速增长，以及政府对电子商务市场的重视，全球经济环境的好转，未来几年全球电子商务市场将保持高速发展的局面。据尼尔森公布的一份研究报告显示，随着越来越多的消费者在网上购物，全球电子商务交易总额将在5年内增长近3倍，达到3070亿美元。

再来看看中国的情况

2005年中国互联网用户数量已经突破1亿，达到1.1亿。2006年达到1.32亿。之后几年随着移动互联网的普及，我国互联网用户数量有了突飞猛进的增长。2012年，我国互联网用户数达5.38亿。2014年，达到8.75亿。在北京街头，使用手机浏览网络信息的"低头族"随处可见。互联网经济蕴涵着巨大的推动力，中国互联网用户数量发展已经进入快速、持续、平稳的发展阶段，随着上网人数的增加，相应的各种

上网服务应用的需求也越来越高。

据 2013 年度中国电子商务市场数据监测报告显示：截至 2013 年 12 月，国内使用第三方电子商务平台的中小企业用户规模（包括同一企业在不同平台上注册但不包括在同一平台上重复注册）已经突破 1900 万户。

2012 年，我国网购用户规模为 2.47 亿人，2013 年达到 3.12 亿人，同比增长 26.3%。

据网络零售行业数据显示：截至 2013 年 12 月，中国网络零售市场交易规模达 18851 亿元，较 2012 年的 13205 亿同比增长 42.8%。中国网络零售市场交易规模占社会消费品零售总额的 8.04%，而该值在 2012 年为 6.3%。预计到 2020 年，以网络零售为主的电子商务，会持续保持快速发展；同时 B2B 交易也会加速上升，我国电子商务交易规模（包括 B2B 在线交易）将逼近 50 万亿元，约为 2010 年的 10 倍，有望成为全球第一大电子商务交易市场，其中网络零售交易额将超过 10 万亿元，占社会零售总额的 16.3%。

2013年中国网络游戏市场规模达到891.6亿元，同比增长32.9%，移动游戏特别是智能移动端游戏成为最重要推动力。从构成来看，组成网络游戏市场的客户端游戏、网页游戏、移动游戏三者都保持了较快增长。从用户数量上看，其中移动游戏的用户数量从0.78亿增长到1.71亿，增幅高达119.3%。用户数量的大幅增长，将是带动网络游戏市场强劲增长的主要因素。

近几年来，即时通讯软件（Instant Messenger，IM）的发展突飞猛进。自2011年底起，即时通信就一直保持着互联网应用使用率第一的位置，特别是在手机端的应用，使用率更是超过了整体的发展水平。截至2013年12月，我国即时通信网民规模达5.32亿人，比2012年底增长了6440万人，年增长率为13.8%；即时通信使用率为86.2%，较2012年底增长了3.3个百分点，使用率位居第一。截至2014年6月，我国即时通信网民规模达5.64亿人，半年增长率为6.0%。

中国的搜索引擎市场近些年一直保持高速增长的态势。2005年，中国搜索引擎市场规模为23亿元。2012年，中国搜索引擎市场规模达到283.3亿，较2011年增长51.1%，预计到2015年，中国搜索引擎市场规模将达950亿。

根据iResearch艾瑞咨询即将发布的统计数据显示，2013年中国网络教育市场规模达到839.7亿元，

同比增长 19.9%。其中，中小学网络教育、在线职业教育、高等学历在线教育等细分领域成为市场规模增长的主要动力。2013 年中国网络教育用户人数达 6720 万人，同比增长 13.8%。随着网民规模的不断扩大、在线教育用户网络学习习惯的养成，用户规模还将持续增长，预计到 2017 年将达到 12032.6 万人。

网络的力量

纯粹的互联网企业可谓钱潮滚滚，同时传统企业利用互联网对其关键流程进行改造的尝试也不断产生革命性的成果。这些变化正在对传统的商业世界产生实质的影响。

"**互联网的力量正在像核聚变一样展现出来！**"有人如此感叹。Skype 的出现使得许多公司的长途电话费用在转眼间就消失了。目前，使用 Skype 的用户数量已经超过 3 亿人。该公司首席执行官说："我们运作的是一个不需要维护费用的有机体，一个利用互联网实现自我维系的电话系统。"这是何等厉害，难怪 AT&T 等公司如此恐慌地忙于封杀它。这就是网络的力量！

Linux 也是一个典型的例子。通过全球数百万台计算机连接形成的虚拟团队，足以构成一台虚拟的超级计算机。Linux 通过典型的互联网开发和商业模式，对微软造成了难以阻挡的冲击。专家在解释 Linux 模式的实质时说："Linux 的内涵不是简单的开源，而是一种订阅性服务；它不单是一种技术，还包括更新、服务和咨询。"

Google 之所以在资本市场上受到追捧，在于它在利用互联网提供的集体智慧打击传统媒体对手方面遥遥领先。Google 的搜索引擎通过对几百万个网页创建者的集体判断，得出针对性最高的结论，从而创造了一个价值数十亿美元的精确定位广告市场，该市场未来将会对传统的平面媒体构成越来越大的威胁。

现今的互联网公司更加深刻地理解到网络交流模式的变迁。互联网交流已经从早期的一对一交流、一对多交流，演变为今天的多对多交流。这种海量的多对多交流模式，也随之带来了新的互联网服务模式。利用这些思路改造企业的运作、渠道的运作，完全符合未来的商业发展趋势。

互联网商业时代是一个伙伴合作的时代，离开了广泛的合作，在互联网领域你将寸步难行……

技术研发领域

目前，在国内通过互联网改造传统研发模式的企业并不多。但是在国外已经发展出比较成熟的套路，其中最典型的案例便是后面将要详细介绍的linux研发模式。此外，传统领域的宝洁公司也是一个成功的例子。在美国的传统行业里，宝洁是采用互联网技术改造自己传统业务流程最成功的企业之一。它利用互联网进行部分技术研发外包，外包的比例从2003年的20%上升到现在的35%，这一变化使得其研发投入产出的效率提高了将近40%。

产品制造领域

产品的生产模式也在随之发生变化。网络游戏领域已经出现由玩家自己创建游戏内容的成功案例。以游戏 secondlife 为例，玩家平均每天在网上开发出 6000 小时左右的新内容，相当于 1000 名程序员的开发结果。（SecondLife 是美国林登实验室开发的一款虚拟网络游戏，在游戏的世界里，玩家几乎可以创建一切，包括游戏的主人公、建筑物乃至游戏人物所玩的电子游戏。当然，玩家要创建这些必须首先向林登实验室缴纳虚拟空间购置费，利用这种方式，这家公司创造了高额利润。）

市场推广领域

传统公司利用互联网可以实现价廉物美的市场推广。从专攻线下到全面触网，阿芙在互联网上塑造出一个精油品牌的营销神话。

阿芙利用博客达人的使用推荐吸引了大部分流量，当用户在购买时，被分为"重口味""小清新""疯癫组""淑女组"几个小组的客服人员 24 小时无休轮流上班为用户服务；送货时，阿芙的送货员装扮成动漫里的角色为消费者送货上门，给消费者带来惊喜的同时也极具话题性。阿芙迎合网络晒货热潮，鼓励你晒拆包裹过程，只要内容包含"阿芙""漂网"就有获得正品的机会。这借助了网络流行方式，网友乐意，公司也做了免费的品牌宣传。另外，每个客服都配备视频设备，可以远程看到用户的皮肤状态，给出销售建议，彻底打破网购的距离感。

通过这种线上线下无缝联动，阿芙把自己的"土鳖"形象成功提升为"具有国际化品位的优雅、知性女性护肤用品"品牌。

销售领域

电子商务、在线的直销，这些模式早已被大家熟知；通过互联网建立在线渠道，也在一些特定市场（例如网络游戏领域）出现；国内企业对于互联网在销售领域发挥的作用，一直持认可态度。

不过，互联网在销售领域发挥的作用还在继续深化。比如，礼来、惠普等公司建立起了从网络人群中汲取集体智慧的"预测市场"系统，它们利用收集来的信息判断自己研制的新产品的销路将会如何。

SugarCRM 公司则是通过互联网成功的又一个惊人例子。该公司在 CRM 市场上提供开源软件，目前该软件免费下载的次数已经超过了 25 亿次。SugarCRM 通过提供各种服务来获利，如技术支持服务以及每月 40 美元的网络服务收费，此外公司还销售功能更为齐全的软件，对此公司每年只向每位用户收取 239 美元租赁费用。

互联网创业浪潮再起

为什么不去创业？2003年年底以来，在中国的互联网界，只要稍微有点技术背景的人，经常要面临如何回答这样的问题。创业，那时在互联网界成为一个不可回避的主题词。那一时期，以创业和风险投资为主题的论坛被排得满满的——国际热钱纷纷涌向中国。从2006年开始，又一股互联网创业热潮席卷而来，小到经营网店，大到办网站开公司，互联网好似一块挖不完的金矿让众人蜂拥而至。**而在我们身边，围绕中国的互联网和IT产业，聚集了众多满怀热情和梦想的人。在财富的旗帜下，创业者踊跃不断。这就是我们身处的时代！**

富豪越来越年轻

一天，比尔·盖茨在西雅图大街上掉了一张1万美元的支票，但他懒得去拣。因为他当时的财富增长速度是每秒2500美元，而弯腰去拣那张支票至少耗时4秒钟，4×2500也就是1万美元啊！

这是流传于国际互联网上的一个"国际玩笑"。

比尔·盖茨是以知识为资本的"知本主义"时代的宠儿，他为人类开创了"盖茨之年"，使自己成为"比上帝还富有的人"。他19岁的时候以3000美元起家，在自己的车库创办微软公司。10年之后，他就成为数亿元富豪；又过了10年，他又成为数百亿富豪。而安德鲁·卡耐基炼了30多年钢，才不过修炼成为百万富豪。

比尔·盖茨那张阳光灿烂的娃娃脸似乎有着某种象征意义：在"知本主义"时代，财富属于年轻人！

1965年出生的迈克·戴尔，19岁的时候以1000美元起家，创办戴尔计算机公司。到1998年，33岁的戴尔个人财富已达200亿美元，被誉为"一列飞驰的金钱列车"。

据美国一家研究机构调查分析，全球百万富豪的平均年龄已从30年前的62岁下降到目前的38岁。

这样的现象在中国也渐成趋势：

1998年10月，在美国《时代周刊》评出的"全

球数字化风云人物"排行榜上，中国搜狐公司总裁、34岁的张朝阳以400万美元资产跻身第45位。

2003年，年仅32岁的丁磊以68.6亿的身价，荣登中国财富排行榜首位。

2004年，年仅31岁的陈天桥以88亿的身价荣登2004胡润IT富豪榜首位。

2006年，戴志康、李想、茅侃侃、高燃这四位80年代出生的IT和网络新贵被媒体称为"80后亿万富翁"。

陈欧，1983年2月出生于四川德阳。他从小成绩优秀，16岁便留学新加坡就读南洋理工大学，22岁还在读大四的他仅凭一台笔记本电脑便创办了在线游戏平台Garena，26岁获得美国斯坦福大学MBA学位，27岁创立聚美优品（JMEI.N），29岁荣登福布斯创业者榜。

2014年5月，聚美优品在纽交所上市，31岁的陈欧成为史上最年轻的纽交所上市中国企业CEO。2014年9月，胡润研究院发布了胡润百富榜子榜之一的《2014胡润IT富豪榜》。聚美优品创始人陈欧以120亿元的财富排在第16位，成为胡润百富榜发布16年来第一位白手起家的80后百亿富豪，也是福布斯榜单上最年轻的富豪。

在这份榜单上还可以看到，前50名IT富豪平均财富比去年上涨58%，达到169亿元，是十年前的18倍。前50名IT富豪中，其中12位财富增长50%以上，有4位财富都翻倍了；另有15位新人，比2013年多了2/3。

2014年，全球最年轻亿万富豪出炉，阅后即焚应用（Snapchat）创始人艾文·斯皮格尔以24岁的年龄、15亿美元的个人财富成为全世界最为年轻的亿万富豪。目前Snapchat的市值已超过100亿美元，并且未来还有更大的上升空间。**新产生的亿万富豪有越来越年轻化、科技化的趋势，这是一个新时代开启的标志。**

在互联网创业浪潮的鼓舞下，很多处于激情与梦想中的年轻人希望搭上这一列开往春天的列车，互联网由于其成长期的特性，理所当然地成为他们选择的头号目标。

不当打工仔，要当创业者

据美国巴布松学院的一项调查显示，在当今美国25岁至34岁年龄段的年轻人中，至少已有10%的人创办了自己的公司。

美国著名商业顾问汤姆·彼得斯指出："新的信息系统正在极大地减少中层管理位置，使得每个人现在都必须成为自觉的经理。"

美国企业协会理事卡伦·波曼认为："自力更生的新理念造就了这一代不甘寂寞的年轻人。"

同样，中国的年轻人也是敢于尝试的一代，他们也一直在努力去做，去体验和参与。他们的人生信条是：不当打工仔，要当创业者！

　　李想，男 1981 年 10 月生，祖籍河北石家庄。1996 年李想上高一的时候，谎称为了学习要求父母给他买一台电脑，其实目的是为了玩游戏。但从此他就开始迷上电脑硬件，当时他几乎每天都要把自己的电脑拆一遍再装上。那时，李想经常给电脑店的老板装机器，这样可以拿到提成。高一时，他就成了班里赚钱最多的学生。高中时期，李想建立了个人网站"显卡之家"论坛，把自己喜欢的电脑硬件产品都放在网上和其他网友交流，网站日访问量逐渐破万，并吸引了广告商，依靠广告，高三那一年他赚了 10 万。这是他开始创业的原始资本。

　　看到了互联网良好的发展前景，又积累了一定的资本和经验，李想做出了一个惊人的决定：放弃高考。2000 年年初，李想拿着自己赚来的 10 万元作为启动资金，和同伴樊铮一起创建了泡泡网。2005 年，泡泡网跃居为国内第三大中文 IT 网站，年营收近 2000 万，利润 1000 万元。彼时，李想开始考虑转型做汽车资讯，于是创建了汽车之家网站。

不到十年时间，李想借着中国互联网和汽车业大发展的东风，把汽车之家打造成了全球访问量最大的汽车网站，他自己也成为80后互联网创业者的一个代表性人物。2012年，汽车之家收入达到了9亿元，月独立访客达到了8000万。

李想、陈欧等人成功的背后，是世界的巨变。信息革命的浪潮改变了人类的工作方式和生活方式，也改变了财富的增长方式。新一代富豪创业伊始，最重要的条件已经不是矿藏、土地、机器、厂房、资金，而是年轻人的智慧、梦想以及勇气。与过去的创业年代相比，当今的年轻人也有更多的机会，这主要表现在三个方面。

其一，这是一个技术变革、思想变革相当活跃的年代。知识在当今企业中的分量越来越重，资金的需求相对减少，有利于创业起步。

其二，交易成本下降，特别是互联网的出现，使成本几乎降为零，因此创业成功机会更大。

其三，信息资源的广泛运用以及更多人的分享，使得硬件的阻碍越来越少，重要的是要敢于尝试，不怕失败。

谁是中国新一代富豪

中国的第一代百万富豪是：起步于20世纪80年代初的那些街边仔，从摆小摊开始的个体户。

中国的第二代百万富豪是：起步于90年代初的那些"炒房地产""玩空手道"的儒商、官商。

然而随着中国的市场结构从短缺经济进入买方市场，从暴利时代进入微利时代，那些练摊的个体户纷纷感叹：如今的钱不好赚！

随着中国的市场经济从无序走向有序，从混沌走向成熟，那些"玩空手道"的儒商们也玩不转了！

靠"脑体倒挂"和"皮包公司"发家的暴发户神话的破灭，是中国改革开放20年来最伟大的历史性进步。

在世纪之交的历史节点上，中国互联网开始崛起，搜狐、网易、新浪、盛大、腾讯、阿里巴巴、百度等一批互联网公司纷纷成立。张朝阳、丁磊、陈天桥等一批互联网富豪应运而生,成为中国的第三代富豪。互联网的发展日新月异,21世纪第一个十年过去,互联网世界重新洗牌,阿里巴巴、百度和腾讯后来居上,分别在电子商务、搜索引擎和即时通信三大领域独领风骚。在2014年福布斯中国富豪榜上,马云、李彦宏、马化腾分别以195亿美元、147亿美元、144亿美元身家跻身前三,成为新一代中国富豪。

  1995年初,马云偶然去美国,首次接触到互联网。对电脑一窍不通的马云,在朋友的帮助和介绍下开始认识互联网。当时网上没有任何关于中国的资料,出于好奇的马云请人做了一个自己

翻译社的网页，没想到，3个小时就收到了4封邮件。敏感的马云意识到：互联网必将改变世界！随即，他萌生了一个想法：要做一个网站，把国内的企业资料收集起来放到网上向全世界发布。

1995年4月，马云和妻子多方筹措，凑了两万块钱，创建了名为"中国黄页"的网站，成为中国最早的互联网公司之一。但遗憾的是，马云的第一次创业生涯以失败告终。

1999年初，二次创业的马云决定介入电子商务领域。马云要做的事就是提供这样的一个平台，将全球中小企业的进出口信息汇集起来。他说："中小企业好比沙滩上一颗颗石子，但通过互联网可以把一颗颗石子全粘起来。用水泥粘起来的石子威力无穷，可以与大石头抗衡。而互联网经济的特色正是以小搏大、以快打慢。"

1999年9月，马云的阿里巴巴网站横空出世，立志成为中小企业敲开财富之门的引路人。当时国内正是互联网热潮涌动的时刻，投资商和公众的注意力都在门户网站上。马云在这个时候建立电子商务网站，在国内是一个逆势而为的举动。阿里巴巴在整个互联网界开创了一种崭新的模式，被国际媒体称为继雅虎、亚马逊、易贝之后的第四种互联网模式。阿里巴巴所采用的独特B2B模式，即便在今天的美国，也难觅一个成功范例。

在电子商务领域，马云显示了自己的独特视角和预见性：创业当年，阿里巴巴的会员就达到8.9万个；2000年达到50万。2011年阿里巴巴中国站会员达到5000万，并成为全球最大的批发市场、采购平台和商人社区。2014年9月19日晚，阿里巴巴登陆纽交所。2014年10月29日，开盘的阿里巴巴股价盘中首次突破100美元，创上市以来历史新高，最终该股收报99.68美元。按收盘价计算，阿里市值为 2457 亿美元，直逼全球零售业霸主沃尔玛的 2468 亿美元。

马云说过，"如果马云能够成功，我相信中国 80% 的人都能成功"。如果你能像马云一样有知识、有智慧、有勇气、有实干精神，那你也有可能实现自己的财富梦想。

互联网和知识经济的浪潮已经改变了财富的分配方式，而对于许多中国的年轻人来说，现在首先要改变的恐怕还是观念。当你怀揣厚厚的求职材料为找一个用人单位而四处奔走的时候，当你想出绝妙的主意而得不到老板采纳的时候，为什么不换一种想法：与其为别人做打工仔，还不如自己去创业！你应该知道，这个时代已经为一切梦想提供了以"10倍速"成功的可能，所以要抓住机遇，否则，知识经济时代的财富快车就会从你面前一晃而过。

而创业最好的机会，就在互联网上。恐怕对大多数普通人来说，这个所谓的机会还是显得遥远又陌生，没有多少人会为此激动不已。然而，Hao123 李兴平的故事，却让每一个普通人都无法抵御网上创业的诱惑。

这个故事在互联网创业浪潮中已经成为一个标准版本。

草根一族网上创富传奇

草根,居然是一个外来词。这个诞生于19世纪美国淘金时期的词语grassroots,当时指的是茂盛的草根下面就蕴藏着黄金,最近已经成为互联网上最热门的词语之一。草根文化,生长在民间,吃民间粗粮长大,充满着乡野气息,反映的是基层群众的心声。他们没有向权威烧香,没有主流的疏导,草根文化的盛行,完全得益于当今日益发达的传播渠道,当然,互联网功不可没。

2004年8月31日,百度宣布以1190万人民币和4万股股票成功收购Hao123网址之家。

在此之前,这家"其貌不扬"的Hao123从来没有受到过媒体的关注,其创始人李兴平的背景更是令人大跌眼镜:

李兴平,1979年出生于广东兴宁县,父母均为当地农民,兴平初中毕业后即返家谋生。2005年前第一次出远门，地点是深圳。

1999年，网络在中国逐渐普及，兴宁县也开始有了网吧。这时，开始迷上了上网的李兴平在当地网吧找了一份网吧管理员的工作。

因为要帮人攒电脑赚钱，他需要用网络查询配件报价之类的信息，很快他发觉在网上找资料非常困难，当时的中文网站不仅内容不够丰富，数量有限，而且要把那些用英文字母表示的网址一个个记下来，这些琐碎的事情做起来很麻烦。于是，他想到一个解决办法——设计一个个人网页，把他认为好的网站搜集在一起，并和它们建立链接。下次上网时，他可以很方便地直接进入这些常用的网站。

网吧管理员的身份让李兴平天天泡在网上，泡在那些打游戏、聊天、上网的网民中。很快，他发现来网吧的很多人都不知道如何上网，上网后又不知道去哪里找到所需要的内容。当时的上网费很贵，时间与金钱却往往在茫然不觉中流失。

他设计的简陋的个人主页开始发挥神奇的功效。他开始有意识地去做网站地址搜集分类工作，爱琢磨的他想到要做一个"网址大全"式的东西。半年后，李兴平的个人主页开始有了Hao123的雏形，他当时给它的名字就是"网址大全"。他把

当时中国排名前5000位的站点进行分门别类，按用途组合在一起。随后他开始做一些点击广告以及网站联盟等，随着流量增大，网站的固定广告随之而来。

2000年中期，Hao123网站已基本成型，开始靠点击广告来赚钱。最初的一笔广告费大概是几百元吧，后来每月收入有1000元，逐步到四五千元，在2001年每月达到了几万元，到2003年、2004年，每个月的收入稳定在80万元左右。

Hao123一直只有李兴平一个人在管理，他身边的朋友甚至不知道他就是Hao123网站的站长。

从业余爱好到创建一个个人网页，到2003年每月80万的广告流水，再到2004年百度以1190万人民币及4万股股票收购，这个故事的主人不过是一个初中毕业生，一个每月工资不过几百元的网吧管理员，一个名副其实的草根。

越来越多的蚂蚁雄兵般的个体户式草根一族的互联网创业，在中国互联网的第二波热潮中占据了一个重要位置。 而web2.0概念的诞生使得网上创业不再是技术天才和社会精英的专利。

而英国青年AlexTew的"百万主页"创意的成功更印证了web2.0时代正成为草根的淘金乐土。

2005年8月26日，英国21岁愣头青AlexTew为了筹集学费想出了个点子，创建了一个只有一页的网站——百万美元主页www.MillionDollarHomePage.com。他只用10分钟就完成了这个世界性的创意之作。他在主页上干什么呢？卖一万个广告格子，每个格子卖100美元。这有点狂想吧？不过他的主页广告卖得更疯狂，仅仅六天时间，马赛克广告已经卖了18.5万美元。目前这个网站收入已经超过了70万美元。紧随其后的是风风火火的世界跟风潮。

据不完全统计，互联网上已经出现上百个百万主页。这是一个草根力量崛起的年代。随着互联网的平民化，网志已经成为网民生活的一部分，我的地盘我做主的观念在网上已经随着草根思想的兴起而流传开来。

试想一下，在格子出现之前，有什么商业渠道可以为一个个人网站、一个BLOG、一个C2C网店来推广自己的服务。传统的互联网广告价格昂贵，形势呆板，专为大企业服务。而搜索引擎虽然灵活，价格也相对较便宜（和格子相比仍很贵），但那也是为中小企业而非为个人设计的。而格子则不然，它可以非常灵活，可以很平等，可以发挥智慧。即使是100元，你也可以选择网页里空着的任何一个位置，可以选择一个图标，可以选择一个文字，可以选择一把叉，你还可以选择在别人做好的大格子旁，在你的竞争对手旁搭车，以取得事半功倍的效果，而这都符合所谓的web2.0特性。

可以毫不夸张地说，互联网已经进入个人创业时代。

从 Web2.0 到 Web3.0

Web2.0 这个术语指的是互联网服务的第二代，它让人以新的方式分享网络信息。这个概念在全球热潮未减。网民自主创造内容（即 User Generated Content, UGC）也成为国内外关注的热点。

从 web1.0 到 web2.0 是互联网的一次划时代的飞跃。一方面，互联网上的内容提供者不单纯是那些高高在上的"官媒"，几乎每个人，只要拥有一个账号，便能够将自己的观点、见闻、照片"公之于众"。在 web2.0 时代，互联网上内容呈现出爆发式的增长。另一方面，大众开始有权利、有机会参与社会生活中大大小小见闻时政的讨论。也就是说，web2.0 将互联网和普通网民的日常生活联系起来。

然而，随着移动互联网的蓬勃发展，有越来越多的人不再简单地满足于与互联网普通的交互，他们需求一种与移动互联网的"亲密"融合。其实当前我们已经看到了越来越多的移动互联网产品谋求这种"迎合"，例如微信推出了"附近的人"招揽了大量的用户，网易新闻、人人网等积极推广自媒体，团购网站客户端推出基于 LBS 的商品查找和推荐功能，微博利用地理信息增强用户间的互动……太多这样的产品和实践让我们不得不相信，此非彼 web！

我们看到，正是由于智能终端（尤其是智能手机）在普通人群中大量普及，我们几乎每个人都能随时随刻都能从互联网上获取有用的或感兴趣的信息，同时参与社交。更重要的，我们会有意识或无意识地发布个人的位置信息，使用与社会活动密切相关的服务，这样的变化不仅仅是 web2.0 的发展，它应该是代表这一个新的时代的来临！

基于这样的变化，我们认为，一个互联网的新时代即将到来——web3.0！什么是 web3.0 呢？它不仅仅是 web1.0 的简单内容获取与查询，也不单纯是 web2.0 的大众参与和内容制造，更是互联网与人们日常生活的大融合！

首先，基于位置的信息共享和由此带来的附加价值会愈加重要。我们已经可以通过位置信息随时记录自己的足迹，获取周围的信息（新闻、优惠信息、可以参与的活动等）。同时，服务提供者可以通过位置信息帮用户扩展社交、推荐优惠、提供精确化的查询。

其次，人们的日常生活和互联网的结合将成为明显的特征。在 web2.0 时代，用户如果要参与论坛讨

论，或者评价一条新闻，都不得不守在电脑跟前参与内容制造与信息交互。而现在，智能移动终端已经逐渐改变了大众的行为方式。在公交车上，在地铁站里，看到有人拿着手机刷微博、发微信是再普通不过的一件事了。更重要的，我们已经渐渐习惯了出门拿地图软件找路导航，用团购软件随时随地团购晚餐，打开支付宝钱包付款，甚至用滴滴或快的打车……而在其背后，是网络服务提供者为用户各种社会生活量身定制的各种服务。**web3.0 时代必将是互联网和大众社会活动的大融合！**

从网民到网商

2000 年前后，中国互联网用户的主体上网行为是收发邮件、浏览新闻、搜索信息，他们被称为初识网络的"网民"；2002 年后，短信、即时通讯、交友、游戏成为上网者的最爱，形成一个个不同的社区，这是一个上网者开心、网络服务商赚钱的"网友"时期；如今，中国互联网已经从"网民"、"网友"时代提升到"网商"时代。"网商"时代是互联网企业和上网人群都能从网络中谋得利益的一个新阶段。在这个阶段，网上创业因其低门槛低成本的特点，吸引了越来越多的创业者。

根据 CNNIC 的最新统计报告，2008 年 6 月 30 日，中国网民网络购物比例是 25%，购物人数规模达到 6329 万。而美国 2006 年 8 月网上购物的比例则已经达到了 71%。与美国相比，中国的网上购物显然还有巨大成长空间。

专门从事 B2B 的阿里巴巴，2005 年的会员人数已达 1100 万人。至 2008 年 3 月 31 日，阿里巴巴网站共有付费会员 327118 人。

2007 年 11 月 6 日，世界最大的电子商务网站阿里巴巴在香港成功上市，则宣告了中国互联网第三次高峰的到来：电子商务在中国前途无量，互联网浪潮带来的史上门槛最低、最大众化、最不具歧视性的创业机会正一点点演变成现实。

微商崛起

继 2009 年微博营销火爆之后，微信营销近年来搞得热火朝天，前者注重转发和传播，后者注重互动和加强关系，微博营销的火热势头稍退几分，微信的"正能量"已无人阻挡，实际上微博微信都已经进入双"强"时代，中国互联网已经处于双"微"时代，一个具有划时代特征的商人群体"微商"已经正式浮出水面。

微商是基于移动互联网技术、应用平台和移动通信技术的结合，运用社会化移动营销工具，进行品牌传播、产品推广、活动营销、用户沟通管理等企业商业活动的个人和企业家。微商另一个显著特征是：利用移动互联网现有的各种终端应用平台（如微博、微信等），通过提升品牌曝光、加强用户互动和移动电商成单，逐渐形成自己忠实活跃的微用户，并以此为企业在移动互联网中互动—传播—营销和发展的基石。

现今，微商群体已经作为移动互联网中一个新的商人群体的代名词，数千万微博营销的成功案例和数

百万微信营销的成功案例，已经在不言而喻一个事实：**微商遍及移动互联网，"天下微商"已经崛起了！**

  按照过去的经验，移动互联网相对此前的计算机行业周期能够创造和毁灭更多的财富，这主要基于10倍的用户乘积效应，即从一个周期到下一个周期，用户数和设备数量将增加10倍。移动信息所带来的前所未有的变革，正深刻地改变着我们的生活和营销，中国将和世界一起全面进入数据库营销时代。移动互联网正引领互联网进入一个新的产业周期，不可否认移动互联网已成为当今世界的主流。

  过去的网商利用电子商务创造着一个个财富神话，现今微商从无到有，从小到大，从弱到强，数百万商户及企业已经在移动营销市场获得了成功。中国工业和信息化部发布了2012年10月份通信业运行数据显示，中国移动互联网用户数已达7.5亿户首次超越PC互联网，微商未来将会超越传统电商，创造更惊人的移动互联网财富。

  移动互联网时代双"微"联动，以微博厚积传播，以微信精准薄发。微商企业识微见远：看清移动互联网微营销的大趋势；企业以微聚威：实现企业品牌传播与营销的威力；企业微言大利：微时代一言一行将给企业带来巨大利益和价值。

  2013年移动互联网，已经见证"天下微商"崛起，将共享数万亿的移动互联网财富。

大众创业，
　　万众创新的时代

2015 年两会上，李克强总理在政府工作报告中指出要把"大众创业、万众创新"打造成推动中国经济继续前行的"双引擎"之一。

"大众创业、万众创新"不仅给许多年轻人一个追梦的机会，对社会经济来说也具有极其重要的现实意义。

2015 年全国高校毕业生总数高达近 750 万人，高校毕业生迎来最难"毕业季"。不仅如此，据预测 2015 年归国留学人员总数将有近 40 万，海归就业也成了"问题"。

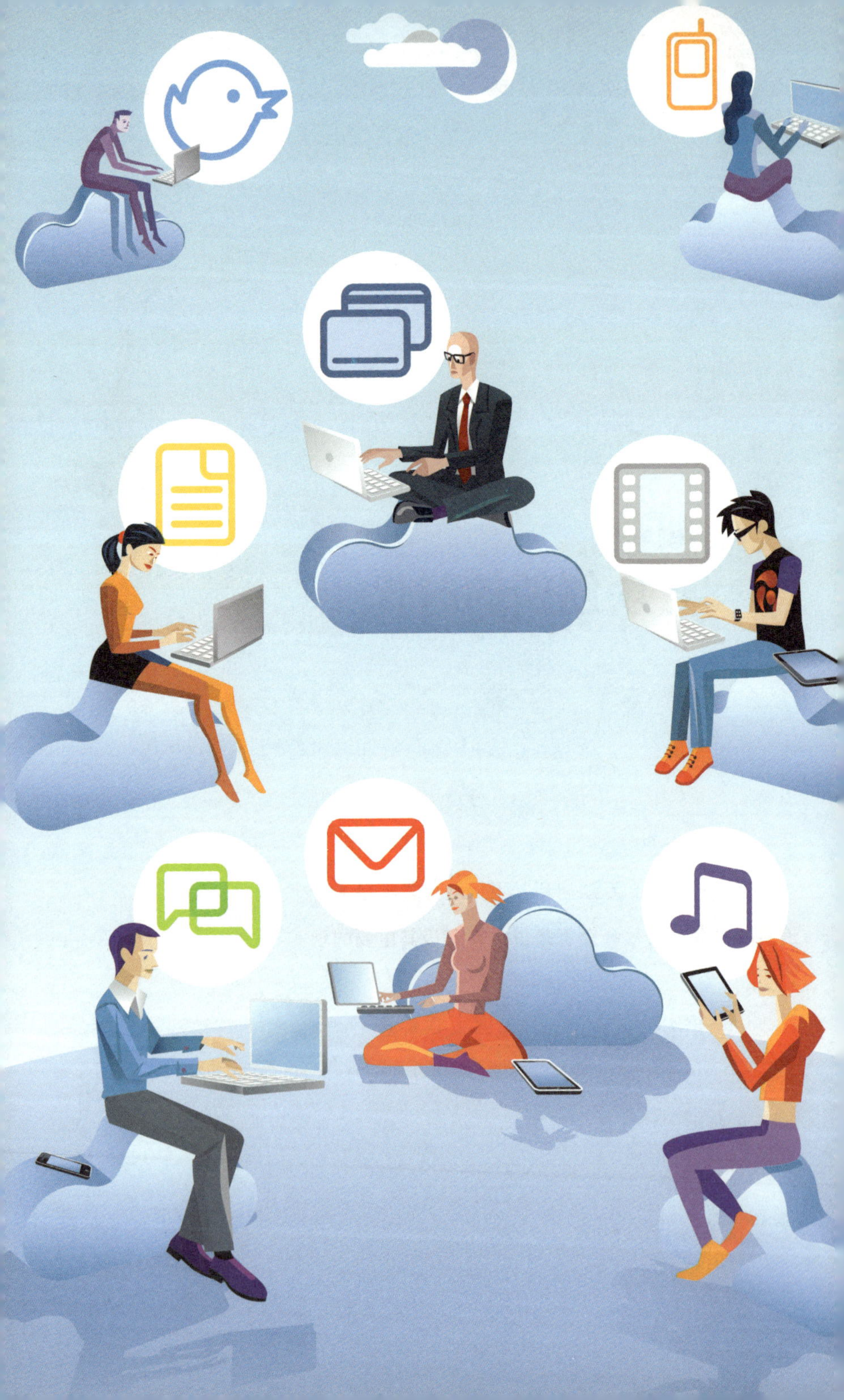

如此众多的毕业生来"找工作",看起来似乎是一个很难的问题,但是,如果转变一下思路,鼓励和帮助大学毕业生中一些有创业能力和意愿的人来"创造工作",几个志同道合的同学像"中国合伙人"一样组团创业,不仅自己的就业问题解决了,发展的好还可以吸纳更多的人就业。

其实,近两年不仅仅是高校毕业生,就连许多工作多年的"老鸟"甚至是知名企业的高管大佬也踏上了创业之旅。创业当老板,似乎已经形成了一股风潮。北京、上海等大城市还出现了"创客空间",创业者们聚在一起分享想法,把想法变成现实。

数据显示,2014年,我国全年实现城镇新增就业1322万人,大幅超额完成了去年政府工作报告制定的就业目标,截至2014年底,全国个体私营经济从业人员实有2.5亿人,比2013年底增加3117.66万人,增长14.26%。个体工商户和私营企业以及服务业成为吸纳新增就业的主渠道。其中,创业公司吸纳就业数量不可忽视。

2015年政府工作报告提出,今年城镇新增就业目标1000万人以上,城镇登记失业率控制在4.5%以内。要顺利完成这个目标,推进"大众创业、万众创新"将成为关键。

传统的拉动经济增长的三驾马车,在中国经济新常态下角色也发生了转变。消费对经济的拉动作用超

过外贸和投资之和,消费成为中国经济发展的"稳定器"。

培育和促进新的消费需求成为新的经济增长点,成为稳定和拉动经济发展的突破口。

创造新的消费需求,需要创新,来自"草根"的创业者,对普通消费者更加了解,更能够创新出新的产品、新的商业模式,创造出新的消费需求。反过来,人们新的消费需求又需要更多的创新来满足,会激发更多的创新和创业。

一个依托移动互联网的在家微创业时代已经来临,你准备好了吗?

人类社会至今,工具的革新总会引起社会关系和结构的变革,从远古文明、农业文明到工业文明皆是如此,网络文明时代也不能超越这一法则。如果说农业社会自给自足的小农经济、工业社会专业化的人海经济是其重要特征,那么,网络文明的特征则是规模经济的高效率对人力资源数量的排挤及新兴产业的不断涌现,在家创业就是这个新兴产业中不可忽视的新军。

CAIFU DILIUBO
ZAIJIA WEICHUANGYE
财富第六波
在家微创业

| 第 3 章 |

直销——微创业的最佳选择

直销是微创业典型而重要的形式

直销是一种典型的微创业形式,直销固定地点以外的面对面销售形式,在世界范围内经历了半个多世纪的发展,成就了无数家庭和个人的创业梦想,为流通领域的发展和推动商业文明的进步做出了很大贡献。

直销 E 化使直销运作如虎添翼,直销与互联网的结合也丰富了网上创业的内涵,强化并拓展了网上创业功能,使互联网功能实现最大化。直销获得互联网的有效支持后,在信息流转、数据处理、现金支付、物流配送等方面的效率大大提高,网上平台与直销人际网络得到了完美结合。

创业大趋势——
交互式合作

在上一章，我们给大家展示了几个普通人借助web2.0实现淘金梦想的过程，然而无论是网上开店还是博客营销，现阶段都依然停留在单打独斗的局面，而且市场非常现实，后来者基本没有复制的机会。

在关注形形色色的网络营销之前，我们一直在关注一个行业。如果说普通人创业的最大挑战是缺乏资金和经验的话，那么在这个行业中，这两个都构不成障碍。

不需要大量的资金投入，这个行业累积了无数成功人士几十年的经验，无须自己从头探索；只要愿意学习，行业中有的是人愿意教你。

从工业化时代进入到信息化时代的转变，已经对我们生活的方方面面都产生了很大的影响。以美国为例，自1989年到现在，已经有3600万个工作岗位消失了，甚至很多行业已经永远消失了。随着科学技术不断发展，这种现象也已经影响到了世界上许多国家。在中国，我们已经看到很多大型企业也在纷纷减员，仅2004年就有1600万人下岗。

CNN（美国有线电视新闻）报道说，在21世纪，我们将处在一个无固定化职业的社会。人类现有的绝大多数职业，再过20年，将永远地在这个地球上消失。失业和倒闭将是21世纪最时髦的名词。

回顾历史，人类每当经过一次重大变革时，总是旧的机会在消失，同时也预示着新的机会在产生。只有那些有先见之明的人，才能紧紧抓住这些机会，从而走向成功。而那些抱着旧观念不放的人，会逐渐被这个社会所淘汰。

目前，个人创业已经成为一个趋势。20世纪90年代的美国每天大约有8000个家庭开创个人事业，但90%的个人生意不到5年就会走向破产。个人创业之所以成功率不高，主要有两个原因：

第一，是多数创业者缺少经验。它最典型的表现就是人们在创业之前就选错了行业。

第二，就是经营者缺少精力。要搞好一个企业，至少需要7个环节的有效运营，这7个环节简称为：人、财、物、进、销、存、产。现实中没有多少人能有能力和长时间做好上述这些事情。

在20世纪40年代中期，美国诞生了一个行业：为普通消费者、平民百姓提供一个低风险、易得到、公平合理的创业机会。这个行业将流通环节的利润做了重新分配：制造商把在中间环节和广告方面节省下来的钱作为奖金发放给他的消费者。这种合作方式被专家称为"交互式合作"——也就是通常所说的直销。

根据世界直销协会资料显示,过去十年美国直销业营业额已倍增至近400亿美元,全球营业额更是达到1500多亿美元。

美国著名畅销书籍《2000大趋势》曾预言直销将成为21世纪行销的主流。

根据"《华尔街日报》(The wall street Journal)"可知,全球将有50%～60%的产品会经由直销方式销售。

著名畅销书籍《Business Connection》曾指出在美国50万名百万富翁中,有20%来自直销行业。

根据世界直销业协会估计,现时有近1400万美国人参与直销业,而全球更超过了9500万人参与直销,而全球每星期约有15万人加入行销行列。

可以说,直销诞生50多年来,已成为全球最适合普通人创业的一种方式。

由金钱的四个象限看直销的好处

罗伯特·清崎，全球知名的企业家、投资家和财商教育专家，在他的畅销书《富爸爸财务自由之路》中，根据人们收入来源的不同画出了一副"现金流象限图"，将人们划分为四个象限，如下所示：

其中，第一象限 B 象限生意拥有者；

第二象限 E 象限工薪一族；

第三象限 S 象限自由职业者（小生意人）；

第四象限 I 象限投资者。

我们每个人都至少位于"现金流象限图"四个象限中的一个，我们所处的位置由我们的现金来源决定。雇员位于 E 象限，收入来源是为他人工作而赚取的薪金；自由职业者和小生意拥有者位于 S 象限，收入来源是为自己工作而赚取的钱；企业家或者系统拥有者位于 B 象限，拥有一个能够良好运转的企业系统，让别人为他们工作，收入来源是企业的收益；投资家位于Ｉ象限，让钱为他们工作，收入来源是各种投资，用钱来产生出更多的钱。

位于左右两边不同象限人们的根本差别在于：左边象限的人们从事的是挑水型的工作，从事某种职业，获得主动收入；右边象限的人们从事的是修建管道型的工作，拥有属于自己的事业，获得被动收入。

如果有一个生意模式，我们不需要投资金钱，不需要做我们没有做过的事情，只需要做我们熟悉的事情就可以修建一条管道，从左边象限跨入右边象限，拥有一个企业系统，成为Ｂ象限的人，获得被动收入，这个模式是不是很有吸引力？

罗伯特·清崎认为，对普通人来说，从左边象限过渡到右边象限的最佳模式就是去选择一家适合自己的直销公司去创业。

简言之，直销有以下有优点：

（1）只要选择得当，普通人经过努力完全可以成功。

（2）拥有相当的自由，你可以决定何时、何地及怎样开展你的生意而不受限制。

（3）可赚取额外的收入，假以时日，有相当大的致富机会。

（4）只需投入少量资金便可开展自己的生意。

（5）基本没有存货成本。

（6）只需要少量流动资金。

（7）无须广告费用。

（8）可以扩大社交生活。

（9）公司及伙伴会提供专业的训练及支援，帮助你成功。

传统直销
　　作业模式的困惑

　　直销虽有上述种种好处，但是作为一项事业，实际运作起来依然会遭遇到各种挑战。而对所有的直销人来说，这种挑战既不来自资金，也不来自知识和技巧。直销人面临的最大挑战来自心理承受能力：作为一项高度依赖人脉行销的事业，必然面临不断的人群说服工作，而说服的过程就是不断被拒绝的过程。**如何有效克服被拒绝的心理，成为直销商成功创业的关键一步。**

　　美国著名作家罗伯特·艾伦（Robert Allen）将传统直销作法归纳为四步骤：

1. 列出所有认识的人；
2. 打电话给他们介绍产品或安排参加会议；
3. 只有几个人答应参加，但最后都不会到；
4. 新人受不了打击而离开。

这种做法表面看似简单、便宜并且容易复制，但是90%依照这种做法去经营的人会失败。因为所有的销售实质都是概率事件。不论从事何种类型的销售工作，要在100个人选当中，找到符合资格的客户／合作对象的概率都是非常低的，也许100个里面会有1～2个符合资格，运气好的话也许有5个，但是通常很难超过这个数字。

这就意味着，即使是全球顶尖的销售员，也未必能维持5%以上的成交率，而在传统直销的经营方式中，上级经常会要求一个新人在没有经过完整训练的情况下，就开始进行邀约或销售，当然成交率会更低于此数。

然而，大多数进入直销业的新人不知道这个事实，在各种令人激动的集会场合，那些成功的直销商头顶的光环和现身说法，让多数新人在决定成为经销商的那一刻，都认为要找到几个有兴趣的人是非常容易的事。在这种错误的期待下，当他们遭遇到拒绝，便感到挫折，很快就会放弃。

事实上，5%的成交率表面上看起来不高，但是对从事邮购或电话营销的人而言，这个数字已经能令他们欣喜若狂了。这两种行业只要能维持1%或2%的成交率，就已经有利可图了。直销其实也是如此，只要能在100个人当中，找到1～2个真的想要增加收入、改变人生，而且愿意付出努力的人，你就能在直销中取得成功，拥有一份属于自己的事业。

因此，直销要成功，其实有一个非常简单的"秘诀"："如果你能在100拜访对象当中，找到2个愿意全力以赴的合作对象，就能成功。"

在家工作，这是不少直销公司宣传直销事业时的用语。开展直销业务，一般人开始时确实不需要办公室、设备、员工等资本，在家里就可以创立自己的事业。但是问题是，大多数从事这种所谓"在家工作"事业的人们，大多数时间都会待在别人家里或会场，忙着解说产品或是在白板或纸上画圈圈。当然还是有很多人用这样的方式成功的，但是，普通人一天最多能为多少人解说事业或产品呢？只要想到这个数量其实非常有限，就难免令许多新人产生沮丧情绪。

经营直销事业时，大约需要向100人介绍事业，才能找到一个领导者。也难怪有很多人在真正开始经营事业之前就放弃了，因为不是每个人都有耐心和信心跟100个人作介绍的。以前你可能需要花大量的时间，并且要通过有效的话术，才有机会跟100个人介绍事业或产品，但现在，透过互联网，你完全可以在同一时间内对1000个人作介绍！问题是：怎样才能做到这一点呢？

直销行业 E 化的大趋势

我们在前几章已经描述过互联网带来的种种商机。趋势表明，互联网将成为未来最重要的交互通路。那么，非常依赖交互通路的直销行业，是否也将开始全面 E 化之路呢。在讨论这个问题之前，我们不妨再次回顾一下互联网的特性。

1. 开放性

互联网是一个四通八达，没有边界，没有中心的分散式结构，体现的就是自由、开放和无拘无束的精神。在网络上，信息已经跨越了时空界限。任何人，都可以通过网络向世界发布信息，传播自己的观点和理念，同时也可以选择自己喜欢的信息和内容。

2. 互动性

互联网的实时互动和异步传输并举的技术结构彻底地改变了信息的传播者和接受者的关系。任何网络用户既是信息的接收者，同时也可以成为信息的传播者，并可以实现在线信息交流的实时互动。

3. 平等性

网络的水平方向延伸的存在方式决定了网络是一个平等的世界，在网上网民交流的是信息和思想。也就是说，网络交流剥去了网民的权力、财富、身份、地位、容貌等外壳，在网络组织中成员彼此平等相待。

4. 虚拟性

互联网的存在状态是无形的，在网上的交流中，人们看到和听到的文字、形象和声音都可以变成特有的计算机语言显现。除非你愿意告诉对方，或是使用语音、图像系统与对方交流，否则交流双方的一切真实信息，都无从证实。网络世界是一个充满不确定性的虚拟世界。

随着国家信息化程度的加深，企业的竞争环境正在发生深刻的变化。基于互联网的信息交流和业务流程处理，正在成为企业和其他经济组织建立竞争优势的关键手段。

对中国直销行业而言，直销全面实现网络化是跟上时代的必然趋势。

直销 E 化的四大收获

在信息时代，谁掌握了信息，谁就掌握了权力，谁就掌握了财富……

1. 巨大的人脉

2014 年 7 月 21 日，中国互联网信息中心（ChinaInternetNetworkInformationCenter，简称 CNNIC）发布第 34 次调查报告，报告显示，截至 2014 年 6 月，我国网民规模达 6.32 亿，其中手机网民达 5.27 亿，互联网普及率为 46.9%。其中值得关注的是，这一年我国手机网民规模（83.4%）首次超越传统 PC 网民规模（80.9%）。资源，就是财富，上面的数字，已经说明了一切。

2. 快捷的资讯

互联网最大的优势就是迅速传递和处理各种资讯，每天，世界上所有的网络媒体都在给你提供资讯，从生活起居到国际大事应有尽有。无论你是想了解某家企业的信息和动态，国家的政策，还是专家的分析预测，在互联网上，都能得到最新的资讯。

3. 低廉的成本

网络的大部分资源都是免费开放的，因而极大地降低了人获取信息和传递信息的成本。直销商可以不受时空和地域的限制得到来自全球的最快捷的资讯，也可在互联网上邀约、沟通、跟进，可通过互联网培训和展现产品等，不用你坐火车坐飞机到处跑。这些无疑会为直销商节省大量的时间和金钱。

4. 未来的核心竞争力

随着直销行业的发展，直销商构成将愈来愈趋于平民化和年轻化，越来越多传统行业的精英、普通市民和年轻创业者进入直销行业。未来的市场成败取决于对先进工具掌握的熟练程度。只有早日用互联网来武装自己，才能在日趋激烈的竞争中掌握主动和赢得先机。

直销系统的 E 化实践

同时，海外直销系统对互联网的运用，也开始了尝试，并在不断完善。

1996年，美国著名财务顾问、畅销书《一分钟百万富翁》的作者罗伯特·艾伦分析了传统直销的弊端后，综合互联网的优势，创造性地提出了一套完全基于互联网的，被称之为直销"第三波"革命的运作系统——MSI终极成功系统，并提出了筛选（Soft&Sort）、提供相关信息（Present）、跟进（Follow-up）、成交（Close）、训练（Train）等一系列网上作业流程。

1998年前后，由5个美国人在康宝莱事业的基础上进行互联网直销运作，成立了QSTR（TheQuickestSystemToRich），原意是"快速致富系统"，也称"在家创业系统"。基本做法就是在网络和地面上同时进行，在网络上发帖子，只要有人留下电话号码就开始进行地面接触。

值得一提的是，QSTR系统是基于一个老公司（康宝莱）的事业，并且是在美国这样的成熟市场中运作，但是由于采取了新的策略和新的方法，取得了很棒的成绩。这是值得业界思考的，从某种程度上说，反映了直销市场对于直销E化的需求。

之后，由专业网络公司worldonlinemarketingCo.专门为美商宝迪（BodyExtreme）公司开发的E化运作系统——2in7days也面世了。这套投资额号称高达1000万美元的系统有别于传统直销操作的是，直销员不必再费尽口舌去寻找客户的加入，他只要登录有个人标签的网站，这个网站就能够自动帮他讲解、跟进、训练、复制。

而由美国人迈克·阿金斯创立、有30多年历史的PN（Professional Networkers）网络行销者系统，也在20世纪90年代开始大量使用互联网来辅助拓展业务。

在一些直销行业成熟的国家，直销员对互联网的运用，更到了一个前所未有的地步。据2005年最新统计报告显示，在美国，直销从业人员超过1300万，而其中超过50%的直销员都通过互联网来订购产品以及开展业务。

决胜终端的 E 化直销商

2002年1月2日，位于太平洋彼岸的某直销公司决定进军中国大陆。但是由于政策限制，该公司既没有像有些公司一样采取偷跑策略，也没有像其他公司一样按兵不动。也许，这家公司自身都不知道该如何打开大陆这个庞大的市场，但是一个叫刘立伟的年轻人却开始了另一种尝试。

"其实我们当时是被逼无奈"，提起当时创办"健康一生"网站的动机，刘先生苦笑着回答："首先公司不允许我们经销商以传统直销的方式来开拓市场，因为这家公司在国际上享有盛誉，不愿意违反中国政府的有关法律法规。同时，公司又看好了中国巨大的市场空间，不愿意轻易放弃，所以当我们提出我们要用互联网的方式去销售产品、开拓市场时，得到了公司高层的首肯和支持，虽然，当时我们并不知道如何做，但是，为了生存我们必须这么做。"于是，2002年在浙江北部的一个小城市，诞生了一个叫作"健康一生"的专业健康网站。

5年的运作，刘立伟以及他的合作伙伴已经建立了庞大的顾客群，他的生意已经遍布全国各地，他们创办的网站不仅成为顾客咨询、购物的平台，也成为各级经销商们培训、学习和交流的园地，而他本人也成为该公司在大陆地区首席经销商，屡次获得公司的表彰。

"如果不是互联网，我不可能在这么小的一个城市里建立这么大的一个事业！"刘先生感慨地说。更难能可贵的是"我们通过这个网站已经积累了上万名顾客，这样的一个资料已经成为我们稳定业绩的保障"。

互联网，让一个普通的经销商跳出传统的直销模式，把市场目光真正放到了终端。决胜终端，是刘立伟们的制胜法宝。

人与动物的最大区别在于，人善于使用工具！而目前流行于网上的各种实用软件（业界常常形象地称这种软件为"工具"），给了在家创业者一个丰富的工具包。

对于从事直销的个人来说，如果能掌握基本的在家创业网络营销工具与方法，即可借助互联网来发展事业。

**CAIFU DILIUBO
ZAIJIA WEICHUANGYE**

财富第六波
在家微创业

| 第 4 章 |

微创业的趋势

微创业的技术平台

在任何社会形态中,要想创造规模经济,都要有与当时的工具和技术条件相适应的生产关系要素,即怎样把人组织起来,使用好工具创造出个人和社会效益来。烽火报警、跑马传信的时代,军队指挥结构和作战效率与现代化的电子信息战是不可同日而语的。**以互联网为技术特征的技术平台辅之以交通、物流等,组成了有效的生产和营销要素,使现代工业规模化的同时,也使微型企业的实现成为可能。**网络、通讯、交通使客户沟通及品牌传播等成本大幅降低,效率大大提高。过去要很多人协作,或需要一个人很长时间才能完成的工作,现在鼠标一点顷刻间就完成了,技术进步大大缩短了时间、空间的距离,运用营销、管理、信息处理等众多功能,使少数人可以完成的在家创业成为可能。

微创业是技术进步、产业结构升级的必然结果

技术进步使产品和产业结构不断升级，现代企业在规模发展的同时，也实现了企业小型化、网络化和集成化的趋势，这一趋势为微创业，尤其是在家创业提供了巨大的可能空间，在家创业的方式也层出不穷。

新的生活和生存方式

人类在生产力水平较低的情况下，往往要靠众人的协作才能完成社会经济目标，而网络时代的在家创业模式，不仅是社会组织的结构形式之一，也是个人的生活和生存方式之一，依托可利用的网络等资源，靠个人的努力就可以创造属于自己的事业，享有为自己量身定做的生活方式，享用属于自己的事业和生活空间，这是网络时代的赐福。

在家创业的八大优势：

1. 投资相对较小，成本较低

与规模企业所需的厂房、设备、办公场所及人力成本等投入相比，在家创业省去了多项投入，把成本降到最低，因此家庭创业资金门槛比较低。

2. 传播和营销效率高

网络的即时性、快捷性和互动性使在家创业具有较高的传播和营销效率。

3. 在家创业管理成本最小化

由于在家创业人员较少，有时甚至一个人就可以创业，这就节省大量的沟通、决策和管理成本。

4. 极高的时空自由度

像农民被拴在土地上一样，很多人被工作固定在一定的时间、空间范围内，人们成为机器上不可缺少的部件，而在家创业使自己对时间、空间的把握，达到了极高的自主和自由度。

5. 享受生活之乐

很多人觉得太忙了，以至于没有时间享受生活，没有足够的金钱来享受财富自由，没办法陪家人在风景如画的地方快乐度假，没有精力投入到自己工作之外的业余爱好上。如果面对的是不灵活的老板或身处条规苛刻的单位，那么你将成为工作的奴隶，很少有时间在孩子、爱人及家人身上花时间，而在家创业，有可能颠覆这一切，让你得以尽享生活之乐。

6. 满足生活和事业的个性化追求，为实现高品质的生活创造条件

选择适合你的在家创业模式，可为你个性化的人生和事业提供有力的支持。高品质的生活包括物质和精神两个方面，在家创业可为致富创造条件，同样也为高品质的精神生活提供可能的发展空间。

7. 有效解决多种社会问题

经济和社会发展的变局中产生的失业等现象给社会带来巨大压力，养老、医疗卫生等社会保险亟待完善，人口老龄化对中国社会的影响

也是多方面的。在家创业无须政府投入，能切实解决千万家庭面临的种种社会问题，它巨大的经济和社会效益是极为可观的，在家创业的经济和社会意义显而易见。

8. 增加收入来源的重要渠道

在家创业不仅可为失业人员提供全职创业的机会，更可为亿万家庭提供兼职创收的途径，这些家庭提高生活水平，有利于小康社会的建设，有利于社会的和谐稳定。

在家创业是数千亿元的巨大产业和商机

据美国劳工统计局的报告显示，美国目前有1800多万以家庭为基础的企业，每年预期收入为4270亿美元。更值得一提的是，美国每6位成年人中就有一位从事某种在家创业的事业。家庭经济的创业者们对美国国家经济的影响正在逐渐为美国政府所关注。小型企业利益保护局的一份名为《小型企业经济：呈给总统的报告》的年度报告中指出：家庭经济从人口上看，占了小型经济的53%，并且是培育现今大多数成功企业家的摇篮。在家创业的健康与活力主要来自美国盛行的创业精神。

同一份报告还表明，以家庭为基础的企业，所有人的工作时间平均为每周为 26～35 个小时，比非在家创业的人士工作时间少 10 个小时左右。

前《成功杂志》资深编辑 Richardpoe 在他最近的著作中写道："一个念头的转变就造成了美国 1400 万成人专职在家工作，以及 1300 万人兼职在家工作，采用这种工作模式的人口将近占到了美国人口的十分之一。同时，这个数字正以每年约 60 万人次的速度增加。"根据《企业家杂志》的报道，在美国以家为基础的事业收入每年平均为 50250 美元，约为工薪阶层平均薪资的两倍。再过十年，美国就将有超过 44% 的人以家庭为基础做自己的主人。

据估计未来 10 年，中国在家创业的专职和兼职人员，以总人口十分之一计算，将达到 1 亿人左右，以人均创收 5000～10000 元计算，将造就 5000 至 10000 亿元的产业规模，在家创业无疑是巨大的商机，它将改变中国 GDP 的产业布局。

在家工作创业——工作生涯之外的选择

在家工作系统在近几年来相当盛行，也是一个相当吸引人的工作方式。根据人力银行调查，在家工作者，以上班族兼职（30%）、专职 SOHO（24%）最多，在家工作可以自由调配时间，工作与家庭合而为一，俨然成为趋势。

在家工作创业 SOHO 一族的盛行，并非商业广告所致；试观现今工作市场，挡不住的外包趋势，使仰赖固定工作收入的上班族，开始在家工作兼职赚钱，甚至自行创业。"成本考虑"已经是企业的首要考虑，企业主与员工间的互信与忠诚随时可以被取代。许多上班族认知此一趋势，开始自己的在家工作事业，是在家工作创业在近几年来相当盛行的一个重要因素。

根据相关政府部门的统计，工作机会的流失，尤其是好的工作机会的流失，是薪资失衡的关键。2014年台湾平均薪资增长仅1.38%，物价增长却达2.3%，这对初入社会的"低薪青年"影响特别大。面对薪资缩水、利率低增长、房价创新高的现象，努力的上班族发现，为何怎么努力工作赚钱都还是觉得穷？面对学历虚胖、全球化稀释工作机会的现状，连努力的学生都发现，为何无论怎么努力读书都还是没有工作？

再者，对于在职场工作的妇女而言，因为女性生理状况及在家庭中扮演的角色，妇女走出家庭工作的确有相当的限制，在年龄、健康、家庭、工作、金钱、自我肯定等许多因素的影响下，许多妇女逐渐认可在家工作的观念，因在家工作所具有的弹性，能够满足妇女出外工作所追求的价值，避免工作上出现难以忍受的情况，更可以兼顾家庭中的责任。

以上种种的情况，是否已经真实地发生在你的四周呢？面对不确定的未来，是否难掩心中的失落、不安和对未来的不确定感？就算仍暂时保住工作或换新工作，薪水、福利是否都大不如前了呢？是否应该重新审视今后的工作就业方式呢？

提醒有心加入在家工作行列的人，在家工作必须

要有正确的心态，必须学习如何利用在家工作系统。在家工作不等于"睡觉睡到自然醒"，在家工作要为自己创造新价值，要付出努力，经营在家工作事业。除了在家工作带来的家庭与工作平衡，在家工作也创造源源不绝的收入，让人享受生活的自由。

在家工作利用网络创业并非遥不可及的梦想

随着上网人口攀升，上网年龄提升，网络不再是实体的附属，而已茁壮成长为渗入多数人生活的重要消费选择。网络，再也不只是小孩子的创新，尤其在这个快速成长的年代，只有跟网络这个看不见的新大陆相连的数字，才能够让人怦然心跳。

据国际电信联盟报告预测，截至2014年年底，全球互联网用户将接近30亿，这意味着全球的互联网用户普及率将达到40%。而在1995年，这个数字仅为4500万。可见互联网浪潮来势之迅猛。网络的冲击，更让传统工作形态出现了变革。企业内部组织形态逐渐改变，虚拟团队跨区远距工作愈来愈普遍。现在的网络已是过去式，现在的网络使用者却是未来式，是未来的消费势力。他们走在一条与过去消费者不同的路上，如果你不在对的路口迎向他们，你将永远遇不到他们。网络上的消费行为，通常都是有意识地搜寻结果，让消费者知道你，有这个需求的人就来了。

由于网络营销之便，其实有许多人已经悄悄在网络上发展全新的事业。失业的人利用网络营销重新找到新的收入和信心，学生可利用网络为自己筹措学费，家庭主妇利用网络营销可以在家工作，利用网络营销兼职赚钱的也大有人在，甚至兼职赚钱已经超过原来工作的收入，实现了在家工作获得时间和财务自由的梦想。

网络创业已经成为许多在家工作者的选择，这样能用少量的投入，选择合适的创业方式，争取经济自由。**与传统创业相比，网络创业投资小，创业风险低，没有门面及囤货的问题，而且当今电子商务被公认为是全球贸易的主流方向，网络创业发展空间十分广阔。**利用网络创业，不一定非要高额投资及庞大的团队，有时两三人合作，就能开始。如果创业方向正确，又赶上好行情，就能迅速壮大。虽然网络创业的优势逐渐为人所知，但仍有许多创业者因为网络涉及高科技领域，而觉得高不可攀。

事实上，利用网络在家创业并非遥不可及的梦想，只要有一台计算机，在家工作就可以统统搞定。对首次尝试网络创业者来说，选择加盟的方式不失为良选。首先要锁定优质独特的商品，在低成本投入的情况下，熟悉网络营销的环境，努力经营发展壮大；其次，想要缩短创业初期的"蛰伏期"，就要有耐心，累积在网络上的经验，并做好充分的心理和物质准备，待事业进入稳定阶段，再考虑其他广告方式，兼顾主要网络事业及其他发展。假以时日，成熟的网络事业将带动源源不绝的收入。

根据《Cheers》杂志的3503份海外调查显示，

61%的上班族拥有工作以外的兼职收入。除了靠兼职理财所得外，有24.3%的上班族通过兼差工作开创第二份收入，等于每4个上班族中，就有1人拥有兼职工作。兼职的上班族，有1/5的人每月可增加3000～5000元收入。另有13%的上班族，副业收入可达1.5万元以上。总计有1/4的上班族，兼职收入占总收入的比例可达10%～20%。调查同时显示：直销、家教、文字撰稿/翻译是上班族兼职的前3大工作类型。此次调查中，高达1/4的上班族从事副业，除了渴望增加金钱收入外，将近4成的上班族也希望借此积累其他工作经验。毕竟，职业经验与收入是两个交互拉扯的因子，所以要看长远的影响，只有清楚地判断，职业经验与收入最后才能同攀高峰。

近几年，职场剧烈的环境变化，挑动着上班族敏感的生存神经。薪资增长连续低档徘徊，加薪幅度一直突破不了2%，这种情况也牵动着新一波上班族收入形态的改变。而且在消费者物价指数创下近9年新高的情况下，不管是薪资成长，或是银行利息，一对照通货膨胀立刻变成落后指标。另一个上班族不易察觉的隐形因素，则来自企业并购。企业计划找寻合并对象后，降低成本就变成企业最重要的考虑因素。敏感的兼职议题，如此活跃地在职场里引爆，大环境的冲击无疑是关键因素。在这样的时代，上班族过去习以为常的"专业精彩，理财走样"的失衡人生，势必要大幅修正。当一个人能创造薪资以外的更多收入时，生涯的选择权也相对变大。

别小看了兼职，曾经有人用兼职的经验累积财富，创造四十亿资产的王国……撰写《从0到40亿》一书的左志军，提供了许多有趣的兼职观念。开始兼职前，必须建立正确心态及观念，虽然兼职最终目的是为了创造财富，但建议开始找兼职机会的人，心态不妨从做义工开始，何况通过兼职还能积累人脉。选择兼职时，可依时依人所需，选择体力兼职或脑力兼职。脑力兼职的延展性与爆发性较有价值，经过兼职磨炼，许多人最后都可独当一面，自行创业。

多年的经验让左志军悟出一套兼职哲学，那就是别让老板决定你的薪水。兼职将是快速拓展职场领域与累积收入的利器，但是兼职者必须拥有比一般正职者更大的耐心和毅力。并且有加倍努力的驱动力，懂得该如何赚钱。兼职除了收入上的增长之外，精神上的满足也是一个重点。

最后提醒有心兼职的人，正职绝不能放弃，兼职做得成功，获利可能会大过正职，但时机尚未成熟前，千万别放弃正职，因为正职收入让你无后顾之忧，兼起职来才能得心应手。另一方面，要不断阅读，不断搜集信息，无形中累积自己实力，机会自然便源源不绝而来。

在家工作——当生活遇到网络

网络营销、网络创业、网络购物、网络……你是否察觉，曾几何时，网络已经与生活息息相关了。

网络对现代人的生活日趋重要，现在连购房时，光纤到府（FTTH）都已成为重要考虑因素。以下是中时电子报的网络问卷调查报告：

传统上，交通便利及景观优美一直是人们购房时重要的参照因素，随着时代的发展，网络已跃升为第二重要的因素了，这样的信息是否让我们重新思考我们未来的生活呢？

网络跨越了时空的距离，沟通方式改变了，营销方式改变了，交易行为改变了，工作形态当然也会跟着改变。如果连人们购房时都以光纤到府为重要参照，表示一般百姓已能认知在家通过网络就能完成许多从前必须外出才能做的事。

这里有一则有关博客的报道：《回形针真的换到免费房子！加国男子借网络力量圆梦》。

博客故事要从2005年7月12日说起，麦唐纳想要有一栋房子，在对于网络力量的好奇心的驱使下，他把一根红色回形针当作交换品的广告登上Craiglist.org，看看能换到什么。

加拿大"回形针男"麦唐纳证明了这一点，经过一年来14次的交易，他真的用一根回形针换到了一栋免费的房子！26岁的麦唐纳在他的回形针换房子的"接力赛"抵达终点时，正式签约，拥有了加拿大萨克森万奇一栋1100平方英尺的三房屋子，而这是他从一根回形针出发，经过一年14次的免费交易换来的。

这栋房子是萨克奇万基普林镇提供的，麦唐纳表示，"这真是很酷的计划，感觉很棒。"

你是否也想搭上网络列车，在每天频繁的商业活动所产生的庞大利润中分一杯羹呢？你是否也想利用网络在家工作，获得一份持续性的收入呢？你是否能开始一份兼职，持续稳定地耕耘，三五年后为自己换来长期的财务及时间自由呢？

网络营销创业

在我们生活四周，由于网络营销之便，很多人开始在网络上发展全新的事业。失业的人利用网络营销获得新的收入，家庭主妇可以利用网络营销在家工作，利用网络营销兼职赚钱的也大有人在，甚至兼职赚钱已经超过原来工作的收入。

在家工作 vs 退休危机

为什么在家工作能够解决退休危机？

为什么在家工作系统能兼职赚钱？

你是否在寻找一个可在家工作又已被证实可行的增加收入来源的方式？

一个真正的在家工作系统能帮助我们应对时代的改变。

《钱杂志》曾在 2006 年 2 月发表过一篇文章，称台湾人的平均退休年龄已经下降到五十五岁，而台湾人的平均寿命在七十多岁，退休养老时间超过二十年，面对二十多年的退休生涯，日子该怎么打发？钱够用吗？在退休年龄下降的同时，高龄化人口比重愈来愈高，目前的人口结构为由七、八个年轻人养一个老人，估计到 2025 年，平均四个年轻人要养一个老人，人口老化与少子化现象，也将改变台湾地区的社会及经济面貌。

美国、日本及欧洲的一些发达国家也已经看到这个问题，开始鼓励员工延长退休年龄。庞大退休潮对社会、经济会引发什么样的冲击，引人关注。绝大多数劳动者，还是要自己张罗退休金，尤其退休年龄降低，平均寿命又不断在延长，平均每个人的退休养老时间长达三十年，三十年的生活要准备多少钱才够用？谁能不担心。若以平均每人每月生活费为 1000 元来计算，一年的生活费约 1.2 万元，累计三十年下来，至少要 36 万元才够用。但是，这还不包括最基本的房租、医药费、休闲娱乐等额外开销及物价通货膨胀等问题。我们能不准备吗？

你是否也有类似的思维闪过心头？也许只是想多赚钱，也许是想做到照顾家庭与获得收入两不误，也许是想努力获得财务自由及时间自由，也许是想自我成长又能兼顾经济来源，也许是想为目前的工作找个备胎，再多的想法，不付诸实际行动仍只是空想而已，永远无法享受成功的喜悦，也永远无法改变现状。

在家工作 vs 退休金

毕业季节，社会新人寻找就业方向，甚至兼职工作赚钱，急于累积银行存款。从社会新人到老人，不论是兼职的上班族、打工族，不论赚钱多少，有关退休金这一未来问题，是否提醒我们在工作、时间、金钱之间应有所调整呢？

一家人寿保险的职员提供了一个很简单的思维：以一个从20岁工作，60岁退休，活到80岁的人来说，60年中有三分之二的时间在工作赚钱，所以应该把工作薪水的33%拿出来作为退休后的开销。而按照现行的养老保险制度，我们离这一点还差得远！

很多上班族、打工者对此心怀隐忧，难怪愈来愈多的人兼职工作的意愿高，萌生创业念头的也不在少数。一般的小家庭，夫妇都外出工作是必需的，甚至超时工作，工作已耗去太多的时间、体力、精神，留给家人的能有多少呢？

努力工作不见得能保证银行存款的数字，不见得能保障退休生活，适时地洞察趋势，调整工作方向和投资理财观念是必要的。

知名作家William Zinsser在《如何写出好人生》一书中提及了他面对人生的态度：

不需要设定人生应该是什么样子，因为人生不是地图上的一条路线；生活中的小事是重要的，因为唯

有在每一件小事上都做出恰当的决定，才能成就大事。

你是否想把你的梦想转化为现实？你是否勇于改变你的现况？人生，要允许自己走出地图。

建置观念：先占先赢，网络世界的抢位子游戏

在网络世界的抢位子游戏，即网络营销的世界中，质量好的产品不一定畅销，但是一旦产品首先被客户认定是好的（"认定"可能不等于"事实"），通常都享有较高的市场占有率，这就是所谓的先占先赢。举例来说，要吃汉堡，当然是麦当劳，别家的汉堡就是不地道（什么叫作地道？其实麦当劳汉堡已经成为评比的标准了）。因为人都有一个先占先赢、先入为主的观念。

我们有选择权加入？或不加入？

市场概况

全球最令人津津乐道的成功范例首推亚马逊网站（Amazon.com），这个革命性的网站开始运作之后，亚马逊的人想出一个非常聪明的点子："为什么不付一点介绍费给Internet上介绍客户到亚马逊的人呢？"他们启动了一个"转介绍方案（Affiliate Program）"，鼓励数百万拥有网站的人在网站上提供亚马逊网站的链接，如果有人造访这些网站，点选了亚马逊网站的链接，并且最后购买了产品，那么亚马逊就会付一小笔介绍费给网站主。这个方法为亚马逊带来了数万个合伙人，而且这些合伙人都希望能够促进亚马逊的成功。这个营销策略是当时亚马逊能够有爆炸性成长的主因之一。现在，这种商业模式在Internet上已经相当普遍，也证明了直销或关系营销是可行的！时机已经成熟，真的是值得投入。所有直销公司也莫不积极投入到网络营销中，究其原因，不外乎网络营销具备一对一、一对多，以一抵百的特性。而且网络营销能以低成本的投入创造高收益，企业面对无边无界的客户群实难有拒绝之理，Amway、Forever、Nu-Skin、Herbalife、USANA、Unicity、Melaleuca、MaryKay、Chlitina（克丽缇娜）……皆大力投入网络营销市场，由此火热可见一斑！

综观全球在家工作系统，成功的案例就属性而言可分为两种类型：MSI、WHF，其中具有代表性的企业分别是优莎娜（USANA），康宝莱（Herbalife）和安利（Amway）。

这些企业同时将人流及网流结合，表现的形式却是以各自的手法进行最终整合。企业在网络世界的诉求不以企业名称表述，而是以意象方式呈现，如健康、自然、财富自由、系统成功等，这样更能表现经营的企图。

网络创业已经成为许多在家工作者的选择，少量的投入加上合适的创业方式，就能带来稳定持续的收入。难怪愈来愈多人利用网络营销在家工作，享有财务及时间自由。与传统创业相比，网络创业投资小、风险低，没有门面及囤货的问题。利用工作之余的时间，积极加入网络创业或在家工作兼职赚钱的行列，实在是因为当今电子商务被公认为是全球贸易的主流方向，电子商务门户网站的发展空间十分广阔。这是一个绝对可以改变人们创造经营稳定长远财富的方式，没有一种事业能够像在家工作系统一样，能够同时提供个人的自由与财务上的自由。

"生涯"与"收入"是两个交互拉扯的因子，只有清楚地判断，准确地选择，很好地平衡，生涯与收入最后才能同攀高峰。现在，您也有机会参与下一阶段的革命，成为先驱。

在家操作系统

不论您现在的职业是医生、律师、家庭主妇、职员或是汽车技工，您是否曾思考过这个问题：应该有一条更好的路，比较不复杂且平顺的路可走。

全球现在正处于一个以信息、服务为主的经济形态中。过去 10 年来，全球 500 大公司共裁减了 440 万名的员工，就连中小型企业也在持续精简人力。

市场调查显示，在美国超过 2700 万的人口拥有一份在家全职或兼职的工作。人们过去总认为他们的生计需要依靠大城市的就业机会。但是在信息发达的数字社会里，这些想法不再是正确的。

在今日的商业形态中，SOHO 代表的是"小办公室/家庭办公室"（smalloffice/homeoffice），这是今日经济形态中最伟大的发明之一。以家庭为基础的商业形态（一个未开辟的领域）的诞生是必然的，这一潮流将引领全球经济形态至少 50 年，这种形态即将全面改变人类的消费模式。

网络消费习惯的养成

网络购物市场份额持续增长

根据艾瑞咨询发布的《2014年中国网络购物行业年度监测报告》可知，2013年，中国网络购物市场交易规模达到1.84万亿元，增长了39.4%，仍保持相对较快的发展速度。2013年，网络购物交易额占社会消费品零售总额的比重达到7.9%，比2012年提高1.6个百分点。根据右图，可以看出网络购物市场增长的态势。

不懂网页、不懂程序、没有商品、没有资本，这是你无法参与的理由吗？

2010-2017年中国网络购物市场交易规模

年份	网络购物交易规模（亿元）	增长率（%）	占社会消费品零售总额的比重（%）
2010	4610.0	75.3	2.9
2011	7845.3	70.2	4.3
2012	13203.3	68.3	6.3
2013	18409.5	39.4	7.9
2014	24200.0	31.5	9.1
2015	31190.0	28.9	10.4
2016	37900.0	21.5	11.5
2017	44500.0	17.4	12.4

几年前，五位美国人根据未来趋势研发出一种颠覆传统的营销系统，结合了网络、邮购、通讯几方面，不用靠你的口才及人脉，更不必用过去传统的业务方式去推销商品。简单地说，任何人都可以去操作这套系统。

概念一：多重收入来源的智慧。

现在，如果没有两个以上的收入来源，很少有家庭还能正常生活。而未来，即使有两个收入来源可能也不足以维生。

概念二：持续性收入的威力。

这是一种循环性的收入，是一种不管你在不在场，有没有进行工作都会持续流进你口袋里的收入来源。

富有的人的秘密，不在于他们拥有多少金钱，而是他们拥有多少时间和自由。因为他们的收入来源都是属于持续性收入，在你的收入中，有多少百分比是属于持续性收入？这是一个值得大众深思的问题。

概念比喻：见下表

	现金属性（单次收入）	现金流属性（持续性循环收入）
状态一	上班领薪水	成为企业股东
状态二	卖书	成为作家
状态三	代工	成为专利所有人
状态四	当连锁店店长	建立连锁店系统
状态五（进阶状态）	推荐直营经纪商	将经验传承给直营经纪商
状态六（进阶状态）	直营经纪商只认识您	直营经纪商认识很多能帮他的人
收益机会	没做没收益	没做也有收益

这套销售模块体现在三个面向：网络、邮购、通讯。

《网络》

在就业市场不景气的情况下，有些人已经悄悄开始在网络上发展新的事业，当传统的观念还在与互联网保持距离时，掌握未来趋势的智能老板已经了解，网络营销技术的增进，就是知识经济的制胜法则！无店铺的网络营销已经成为即将蓬勃的创业趋势！

《邮购》

透过宅配公司出货，你不用承租店面，你不需要为了一个外地客户大费周章地托海空运，只需要联络当地营运处就能帮你处理，收入直接汇入你的银行账户。这绝不只是一般地区性的邮购，而是一个结合网络的国际线全球邮购。

《通讯》

（1）可经由卫星、宽带的功能在家受训，让你在

家中不必出国就能接受全球性专业训练。

（2）通过网络、电话等联络工具，就可以跟你的顾客沟通及销售，当然客户可能未曾谋面。这需要定期训练，定期会议训练使你短时间就能直接跟公司成功人士合作学习。

（3）网上教室有老师在网上直接教学，让我们省却舟车往返的时间，让你就算兼职也能学习。

（4）通过24小时网络语音系统学习。没法配合公司网上教室上课时间的人，也能通过该自我学习系统随时学习到最新的产品知识与经营技巧。

在家操作系统具备以下机制：

①自动化授权机制（Authorized Automated System）；

②直效营销机制（Direct Marketing System）；

③数据库营销管理机制（Database Marketing System）；

④简单复制机制（Simple Duplication System）。

在家操作系统解决两大难题：销售与拒绝。

你身边有没有经营直销失败的例子？你研究过这些人失败的原因吗？Robert G.Allen指出，最大的问题就在于大部分人（包括他自己）都不喜欢销售，大多数人都讨厌被拒绝。而大多数直销公司与团队都会要求一个新人在没有经过完整训练的状况下，就去销售事业机会或产品给亲朋好友，当然，失败率会非常高。这也就是大多数人无法在直销业获得期望成果的最重要原因。

讨论区：眼花缭乱的市场中，谁真？谁伪？

哪个才是真正在家工作？认清在家工作的真伪，找一个完全公开、高透明度、不隐瞒、不欺骗、不必推销、不必屯货、不需要口才、不需要人脉的在家工作系统，似乎成为当今意愿者最想解决的绊脚石。例如在家工作的系统××是代表哪家公司？产品如何？如何运作？财务稳健吗？如果××这些事情未告诉你，就要你买电子书，合理吗？其中真相是什么？真正在家工作系统有别于传统营销，有别于其他传统直销，会把以上事情交代一清二楚的。

1. 如果有人招募你做在家工作，但是在你还不了解他们卖什么、怎么运作、代表什么公司的时候就要你付钱先买他们的电子书、光盘等，请小心！因为你可能还要付更多钱才会了解，而且最后才发现你不适合……

2. 如果你是收到垃圾信招募"在家工作"，也请小心！因为如果你加入这种"在家工作"的话，你以后很可能也要发垃圾信。

这就是一个简单的判断！当然每一种在家工作系统皆有其生存的手法，相信设计的初衷都是如何让财富持续收入的梦想成真，但人为的操作往往决定日后

生命的格局。

　　真正的"在家工作"！这是大多数直销事业都会使用的宣传用语。直销产业确实提供给一般人一个不需要办公室、设备、员工等资本，在家里就可以创立自己的事业的机会，但问题是，大多数从事这种所谓"在家工作"事业的人们，大多数时间都会待在别人家里或会场，忙着解说事业机会或产品，或是必须在辛苦工作一天之后，赶场到公司或会场去上训练课程。这样，怎么能称作"在家工作"呢？

　　正确的在家工作系统，是通过团队提供给你的经营系统，如此才算是一套真正的"在家工作"系统，系统了解忙碌的你不会愿意再牺牲与家人相处的时间，因此系统会高度整合与运用各种通讯科技（Internet、会议电话、三方通话），让你不需要在一天的忙碌工作后，还得四处奔波参加课程与经营组织，你只要在家里使用电话与网络，就可以经营属于你的事业。

　　不仅是一个工作，更是一个事业，它也不需要你放弃原有的工作、原有的事业，它唯一需要的是你正确的心态！**在家操作系统之特性：不靠人脉、不拉亲朋、不背话术、不卖产品、不用出门经营**。这套创业系统本身强调的就是一套优势营销方法，这套优势营销KNOW-HOW（技术），可以帮助创业者创造销售通路，即使没有创业经验、没有营销经验、口才不佳的人，配合这套营销技术依然可以将产品销售出去，带来高收入！不用赶着上下班，就可以达到在家工作的目的。

　　但请记住，你不会因运用这套系统"一夜致富"，但是这套营销技术可以让创业者的付出得到最大效益的回报。

附加价值：作自己的老板

（1）生活自在、工作自由、并且让你创造高收入。

（2）你的房贷、车贷可以提前还清。

（3）你可以在最短的时间还完你的负债。

（4）你有多余的时间可以陪家人、小孩。

（5）你有多余的时间可以到处旅游。

（6）你有多余的时间完成你的愿望及梦想。

（7）你可以努力奋斗几年然后过着无忧的下半生。

（8）自己决定工作地点、工作时间的长短、何时休假。

（9）自己决定自己的营销方式、自己的收入。

（10）让你摆脱作为一个老板要承担的巨大风险。

（11）不用担心员工的流动。

（12）不用担心货物运送及仓储。

（13）不用担心昂贵的会计师及律师顾问费用。

每个人一天都是 24 小时，都是在努力工作，你难道不希望在有限的时间里，靠一套巧妙的营销技术获得比别人更快的赚钱速度？答案相信绝对是肯定的！

如何建立有效的
在家操作系统的网站

建立一个成功的在家操作系统的网站，是向全球推广生意的重要一步。不过，除非能有效地推广，否则建立好的系统网站便无人浏览，一切努力都是白费的。

以下是推广的几个重点：

1. 注册一个好的网址

注册一个好的网址名称，对系统推广非常重要。选择一个简短易记、较易能建立网站品牌的名称，如可能的话，名称最好能包含最重要的搜寻关键词。

2. 让网址曝光

完成后，让系统网站曝光的最佳方法，是在你的公司名片、信封信纸、传真通讯、所有宣传推广用品和文案、电邮签署上加上网址，让所有与公司有接触的人都知道此系统的网址。

3. 登录搜寻引擎

大部分人寻找数据，会直接利用互联网上的搜索引擎查找。所以在世界各地的搜索引擎和目录检索器，登录网站数据，能有效增加网站曝光机会，带来大量免费浏览量。但由于在搜寻引擎和检索器登录的网站数量庞大，若网站不能排在搜索引擎前 10 名或 20 名，就不能引起搜寻者注意，故此必须在登录网址前，先把网页按搜寻关键词作最优化处理，以便能在搜寻引擎中获得最佳排名。

4. 建立网站链接

另一个能让系统网站获得大量访客的方法，是网站互换链接。你可以在公司网站建立一个资源网页，放置公司认为对访客有用，能吸引人流、并且与公司网站业务相关或能互补，但并不构成竞争的网站链接，然后联络该被链接的站主，请他也将其网站链接贵站。让双方能通过浏览量增加而得益，并且也可提高彼此搜寻引擎的排名位置。由于搜寻引擎和相关网站所带来的浏览量比传统媒体更具目标性，你更能有效锁定目标客户，达成交易。现时最流行的互换链接工具，要算是 adelis。

5. 运用电邮推广

电邮推广，是向目标群客户推广和建立良好客户关系的低成本、高效能的直销方法。有效的买家名录，

在国际贸易方面，提供目标客源，能助公司有效拓展出口市场，确实是一个深具价值之国际贸易营销工具！

6. 利用横幅广告（Banner）

横幅广告，是建立网上品牌的最有效工具之一。恰当的横幅广告，能为网站带来可观浏览量。Adknowledge 公司研究报告指出，受访中有四成看见但并未实时点选横幅广告的人，会在 8 至 30 日内记得广告，并做出购买决定。

7. 整合在线和非在线策略

有效的推广活动，必须认识到网上和传统推广手法各具优劣点，要互为补充，要善于建立印刷媒体、直销、横额广告和其他在线和非在线推广策略的营销组合。还要定时检讨营销策略和营销活动的成果，作适当适时调整。

8. 其他类型

a. 反营销信件；b. 新闻群组；c. 免费分类广告；d. 签名档；e. 电子报；f. 搜寻引擎；g. 聊天室；h. 转介绍方案；i. 自愿接收广告的 E-mail 名单（Opt-in Lists）；j. 免费报告。

哪一种推广工具能带来最具价值的访客

是否每次点选、每一个访客的价值都相同呢？答案当然是否定的！

最具价值的访客，是那些浏览并购买产品的潜在买家，比那些闲着无事，随意浏览网站的访客，无疑重要得多。一项从 Self-promotion 网站的研究报告中，列出带来最高价值访客的推广工具，从大至小排列如下：

（1）电子期刊和电邮名单推广。

（2）从相关网站链接。

（3）雅虎、Open Directory 等目录检索器的分类链接。

（4）一般网站的链接。

（5）搜寻引擎。

在家创业的多种形式

在互联网应用渗透到社会生产和生活各个领域的今天，对其一无所知或一知半解而导致对这一重要的技术资源擦肩而过，实在是一种遗憾，可以确切地告诉你，2014年世界上已经有30亿网民，中国已有6.32亿网民以不同的方式分享互联网的成果。在这个互联网发展日新月异的时代，放弃"老牛破车，毛驴赶考"等陈旧的思维和行为习惯吧，**你不尽快利用时代的成果，就有可能被它抛弃。**

在家创业形式多种多样，以从业人员分类，主要包括：

（1）专业人士：设计人员、作家、科研人员等。

（2）演艺人员：演员、歌手等。

（3）投资者：炒股、炒房、炒外汇、炒期货、炒基金等。

（4）农民：卖粮、卖蔬菜、卖水果等。

（5）直销人员：基于直销 E 化的在家工作者。

（6）其他自由职业者。

以经营方式划分，可分为：

（1）网上开店。

（2）网上咨询。

（3）网上中介（鹊桥、人才交流等）。

（4）电子出版。

（5）网上软件共享等。

以上分类远不能涵盖在家创业的形式和范围，随着时间的推移，它将更加丰富多彩。

笔者周围有很多利用网络在家创业的受益者，其中一位作家朋友，不到两年出了三本书，赚钱一百多万，居然和出版社的编辑、出版商人未见一次面，通过 E-mail、QQ、电话、传真、邮局快递合同，网上现金支付，完成了传统思维不可思议的创业过程。

步入视频时代

微软前董事长比尔·盖茨在 2007 年初就指出,随着在线视频内容数量的急剧扩大以及个人电脑与电视机的逐步融合,未来五年内,互联网将会给电视业带来一场革命。他认为,由于高速互联网的普及,以及像 Google 旗下 YouTube 这种视频网络的快速发展,全球青年人收看电视的时间将越来越少。未来几年,越来越多的观众将会追求在线视频所提供的灵活性,放弃有固定节目安排,且经常在节目中插播广告的传统电视。他说,在一些诸如大选或奥运会等重大事件上,电视的劣势就更加明显。你不得不耐心等待主持人谈论你所关心的话题,否则你就会错过,同时又非常希望能够回放收看。与电视相比,因特网在这些事件上的表现格外出色。

这就是视频的魅力。直销，同样步入了视频时代。

利用多媒体聊天室开展新人沟通和团队培训

各类多媒体聊天室的不断发展，给直销人提供了一条既经济又有效的网络会议途径。

"小会议小决心，大会议大决心，没有会议就没有决心"。可以说直销业务的发展壮大离不开各类会议。但是现实问题是，一方面举行会议成本偏高，耗费精力，另一方面政府对直销公司的会议控制越来越严，使得各种名目的直销会议和培训越来越难以为继。

这类多媒体聊天室既有免费的，也有收费的。一般而言，免费聊天室的容量比较小，功能也比较简单，即使这样，对于刚起步的直销团队来说，也可以达到在网上举办会议，开展业务培训的目的。收费的聊天室则无论是容量还是功能都能进一步满足直销团队的会议需求。

一个好的网络教室必须满足这样几个条件：允许大量与会者同时登录、多路网络语音广播、网络白板、应用程序窗口共享、文件发送。

传统传播方式的弊端 VS 视频在活动分享中的妙用

在互联网视频时代来临之前，传统的传播方式一般采用图文和光碟的形式来传播。当然，电视传播也是重要的途径，但电视高昂的播出费用往往令企业望而却步。尽管传统的方式也有很多好处，但各种弊端在互联网视频时代面前，却显得那么苍白无力。

图文结合在一起传播，曾经占据了一个时代，也就是"读图时代"。不过，无论图片再精彩，毕竟显示的是一个镜头而已，不能完整地展现整个过程。刘翔奥运夺冠，没有人满足于看到他夺冠那一刻的冲刺，人们更愿意看到整个过程——他如何起步？他如何超越对手？他如何加速？他如何冲刺？短短十多秒的时间，其间发生了多少跌宕起伏的事情。用照片毕竟只能看到局部，用视频却可以看到整个过程。

于是人们又想到了电视传播。自然，用电视传播可以让人看到整个过程，但电视台高昂的播出费用，谁愿意来承担呢？更何况，一般的视频内容，根本上不了电视，即使你有钱，即使你愿意支付这笔费用，电视台说不定还不要呢，你以为你也是刘翔吗？

于是人们又想到了光碟——将整个过程制作成光碟总可以吧？但光碟却日益显得没落而不合时宜起来。

对于每一次活动，人们总喜欢分享到整个过程，那些微不足道的细节，往往更令人感慨，人们希望细节也能在光碟里出现。但制作光碟是要成本的，而一个光碟的容量确实有限，制作多了成本更大。怎么办？剪辑、剪辑、再剪辑，尽量剔出不必要的因素。于是漫长的剪辑过程和繁琐的工作就来了。等到剪辑完毕，再制作成光碟，再通过更为漫长的发布，光碟达到手中的时候，往往一个月时间已经过去了，而当初渴望

分享的激情早已失去。而这种激情是转化为市场生产力最好的动力。

这对于光碟制作者来说,有点吃力不讨好了。辛辛苦苦制作出来的光碟,达到直销员手中的时候,原来的内容却早已成为了明日黄花,失去了最好的分享时机,吃力不讨好还不说,更重要的是失去了最好的推动销售的时机。

不过,总有那么一些光碟,即使错过了分享的激情,仍能保存比较长的生命力。但如果有较长时间的生命力,麻烦又来了——盗版的猖獗,往往又使光碟制作者感到左右为难。制作得太多,等盗版光碟一上市,原来的光碟只能烂在仓库。制作得太少吧,市场需求量又大,不能满足市场需要,谁能负责呢?

没办法,只好忍痛割爱了。对于可做可不做的光碟内容,一般选择不做或少做。

制作麻烦、耗时长、发行成本高、面临盗版压力等不利因素,使光碟制造者退而求其次,能不做的则不做,能少做的少做,无形中失去了很大的市场推动力量。

不过,直销是离不开分享的,分享做得越多,效果越明显,这已经成为直销的共识。另一方面,直销讲究的是成功的复制。如果没有光碟而单纯利用图文,复制总是那么容易变形。

如果借助视频,传统传播方式的弊端均可迎刃而解。

某公司在举行118周年庆典的时候,举行了为期近十天的活动,接待了3万多名业务人员,真可谓是万众期待。为了让散布在全国各地更多的业务人员能快速分享到庆典活动的盛况,该公司将盛典的精彩片断及时剪辑下来,放到了一个名为精英商务宽频的网站(www.tomitv.com)上面,上线仅几天时间,点击率就超过了十几万。让没能来参加盛典的业务人员及时地得到了分享。

而在此前，直销企业一般是通过制作光碟与没能参加盛典的业务人员分享。而从制作光碟直到光碟发放到业务人员手中，起码需要一个月的时间。而一个月时间过去，那种要得到分享的激情早已消失无存——尽管有电视台，但电视台却不太接受这类视频，除非企业愿意花一大笔播放费用。但在精英商务宽频，却只花了很少的费用，少到微不足道。

互联网视频没有发行成本的顾虑，用不着考虑制作一个光盘还是两个光碟，有多少上传多少都行。这使传播大大降低了剪辑与合成的工作，只需要将精彩的视频初步剪辑下来，即可上传，长短均可，用不着繁琐的合成。用一个专辑功能即可实现。

互联网视频没有发行的压力，也不需要发行的时间。即剪即传，即传即现。省掉了耗时的发行过程，节约了昂贵的发行成本。视频上传后，散布在全国各地的业务人员，不管身在何处，只要有电脑和宽带的地方，就可以轻点鼠标，尽情浏览即时上传的视频，并且可以反复地观摩，细致地浏览，保证了分享的新鲜热辣，同时保证了复制的准确度，避免了以讹传讹。

因为没有制作，自然不用担心盗版和库存，一切尽在互联网。

传统培训 VS 远程教育（e-learning）

人人都可以成为讲师，人人也都可以随时随地成为学生——视频技术的发展，已经改变了过去远程教育昂贵的硬件设施投入。只要你有宽带，只要你有摄像头，哪怕摄像头只是几十上百元一个，借助网上的视频会议系统或聊天工具，你也可以开始进行培训，也就是说，你已经进入了流行的 e-learning 天地。

美国培训与发展协会（ASTD）对 2005 年美国企业培训情况的调查结果显示，美国企业对员工的培训投入增长了 16.4%，e-learning 培训比例则从 24% 增长到 28%，通过网络进行学习的人数正以每年 300% 的速度增长，60% 的企业已使用网络形式培训员工；在西欧，e-learning 市场已达到 39 亿美元规模；在亚太地区，越来越多的企业已经开始使用 e-learning。

通过 e-learning，员工可以随时随地利用网络进行学习或接受培训，并将之转化为个人能力的核心竞争力，继而提高企业的竞争力。据 IDC 统计，自 1998 年 e-learning 概念提出以来，美国 e-learning 市场的年增长率几乎保持在 80% 以上。增长速度如此之快，除了跟企业培训本身被重视度日益提高有关，更重要的是 e-learning 本身的特性：**它大幅度降低了培训费用，并且使个性化学习、终生学习、交互式学习成为可能。**而互联网及相关产品的开发、普及和商业化是 e-learning 升温最强悍的推动力。

数据表明，采用 e-learning 模式较之传统模式至少可节约 15%～50% 的费用，多则可达 70%，同时可使人们学习效率提高 25%～40%。

通用公司中国医疗系统集团培训总监说："网上培训大大降低了传统培训相关的交通、住宿、场地等支出，预计每年会为 GE 中国医疗系统节省近 20 万美元的培训费用。"

通过 e-learning 对直销业务员进行培训，已经被越来越多地企业采用。

Talk Fusion 开创视频直销模式

2007 年在美国佛罗里达州成立的 Talk Fusion（中文名：话说融合，简称 TF）是全球首家将互联网视频技术与直销模式有效结合的公司。

TF 的创始人总裁鲍勃·雷纳，曾想把新买的豪宅录下视频发给母亲，可是母亲并不懂视频上传下载、USB 存储等等，只会看电视。他想，是否有一种技术可以让他把视频镶嵌在邮件里，能够通过邮件迅速发送高清晰度的、受到互联网保护的视频邮件呢？于是他开始访问美国在线、谷歌、sisco 等一些知名的企业。对方告诉他，他在想的事情技术人员也在考虑，然而现在的技术是做不到的。

可是鲍勃·雷纳没有放弃，他认识一位好友乔纳森·陈博士。他是视频通讯行业里的行家。鲍勃找到了他，提出了想法：一、如果研发成功，这将是全世界都需要的技术；二、如果成功，希望能够采用直销

的模式打破互联网的垄断经济，让人们能够更加公平地参与到财富创造行动里；三、互联网是绝对的上升行业，能够迅速地帮助人们实现梦想，这也是鲍勃·雷纳的梦想。

陈博士同意他的想法。许多公司都要请他任职，他之所以拒绝，就是因为他太了解互联网是靠科技垄断经济的，一项独享的技术能让少数人垄断行业的大部分利润。他不希望自己的技术被某个人某个企业垄断，他一直期待自己的技术能被全世界的人使用，并且能使所有人分享到高科技所带来的巨大利润。于是，他们一拍即合。

陈博士开发出了世界上第一个视频电子邮件，是基于云端技术的视频传输和镶嵌。

两个人凭借着相同的给予和分享的理念走在了一起，2007年在美国的佛罗里达成立了talk fusion公司。

公司的理念是：打破行业垄断，帮助更多的人实现梦想！

与传统的销售保健品和日用品的直销公司不同，TF的主打产品是视频邮件和视频会议工具；这一独特的定位既使TF避免了高科技互联网行业的激烈竞争和资本市场的风云变幻，也使得TF在众多直销公司脱颖而出。凭借互联网的蓬勃发展和视频应用的日益普及，TF得以在很短的时间就在全球近150个国家拓展了业务，而这一切业务的支撑都可以在美国的总部实现，这就是视频科技的力量，这在互联网时代之前是无法想象的。

TF的视频邮件可以切换22个国家和地区的语言。据统计显示，一个好的视频邮件将增加96%的点击机会，世界各地精明的企业已经意识到这一点，都在使用CONNECT视频电子邮件来增加自身的优势。

实际上，整个行业也发现了TF的该项优势，其他直销企业也在使用视频电子邮件来维护他们的客户和潜在客户。

易用性、视频邮件的极端定制、品牌选项使其非常适合直销公司。他们可以上传自己的标志，并选择自己的企业配色方案，打造独特的和引人注目的品牌视频电子邮件。简单的制作过程，专业水准的视频电子邮件让直销伙伴青睐有加。

该视频电子邮件库包括可立即投入使用的、超过200个预先设计的直销模板。时尚的自定义模板可根据要求创建，功能强大，易于品牌营销。除了企业特定的模板，视频电子邮件还提供超过1000个现成的多种语言主题库，使得该视频电子邮件在任何地点都非常适合营销。

调查报告还显示，71%的消费者认为视频是把产品功能全面展示的最佳途径。这使得视频成为通过电子邮件来展示公司产品的最完美的方式。

视频电子邮件只是CONNECT套件的视频通信产品之一。通过视频通讯可以扩大电子邮件营销。其方便快捷的视频会议系统，基于浏览器的Web-Rtc技术，更是打破了以往各类视频软件对硬件的种种限制，无须下载任何第三方软件，就能轻易实现全球范围内各种智能终端的视频连接，为中小企业和广大直销人随时随地拓展业务提供了最有效和最经济的工具，是微创业时代直销人创业的利器。

移动视频进一步影响生活

当前，手机屏幕是收看视频的重要的第三块屏幕。从更宽泛的角度看，也可以说是"移动电视"、"掌上电视"，因为便携式终端如PDA、MP3播放器、MP4播放器、手持游戏机等都可以成为收看视频的屏幕。

手机近年来在我国的发展速度极为迅猛。工信部的统计数据显示，截止到2014年5月底，中国的手机用户数量已达到12.56亿人，相当于中国90.8%的人都在使用手机。而在所有使用手机的人中，使用3G网络的用户有4.64亿人（占比36.94%），可见手机已经成为大众化的通信和媒体终端。随着手机技术的发展，近两年手机电视正快步实现。其方式主要有三种：①通过无线移动通信的方式（包括GPRS、CDMA、3G等）；②通过地面无线广播方式（如韩国的T-DMB、欧洲的DVB-H、美国的Media FLO）；③通过卫星和地面补点相结合的方式（如日本韩国合作研发的S-DMB、美国的天狼星）。后两种方式均是数字多媒体广播（DMB）方式。如日本和韩国在2004年3月共同发射的一颗专门为移动终端服务的卫星，先后于2004、2005年开通商业服务，提供包括音频、视频在内的数十个频道，用户使用DMB专用手机可以在移动中不间断地看到相当于DVD画质的图像，听到相当于CD音质的音乐，同时可进行移动通话和收发短信。

在新视频时代，视频内容的制作和传播不再是电视媒体的"专利"，尤其是互联网进入Web3.0阶段之后，播客和视频分享网站的兴起，造就了一道令人目眩的视频传播新景观。还等什么呢？既然世界已经步入了视频时代，就让我们借助这种视频新技术，让直销也步入视频时代吧。

直销人怎么把握互联网机会

传统的直销产品大多都是保健品、日用品、化妆品等，推广过程中，直销人员必须具备一定的专业知识才能让消费者认识到产品的价值。这也是直销行业不停举办各种会议的原因。

而举办会议，无论对举办者的组织能力，还是对参会者的时间和金钱支出上，都构成了一定的挑战。

充分利用各类互联网工具和平台，则会大大减轻线下举办会议的压力，提高直销人聚会效率，从而使直销人的业绩快速持续稳定的提升有了保障。

地面动作 VS 网上运作			
对比	传统地面运作	全新网上运作
心理	碍于面子、害怕拒绝、难以突破。	不必见面，信息传递，心理优势。
成本	工作室费用、会议费用、外出学习费用、差旅费等等。	无。
速度	邀约、定时间、定地点、路上耗时间、从头讲到尾。	光的速度传播信息，零距离开发市场，现成的网站免去繁琐的沟通。
姿态	姿态低，我们主动邀约。	高姿态，感兴趣的客户主动找我们。
精力	一天沟通三人，回家一身疲惫。	一天沟通几十人，回家一身轻松。
运作	一对多沟通难度大。	一对多沟通不受影响。
人脉	有限人脉，需陌生沟通。	无限人脉，而且全是优质人脉。
信任	一般是新朋友交钱，老朋友帮助报单，信任度低。	新朋友直接把钱打给公司，不经过上级，信任度高。
质量	很难找到大量内行人。	大量内行人主动找上来。
市场	拓展国外市场非常困难。	轻松就把市场拓展到全球。
概率	低。	高。
学习	学习密度不高，难以坚持。	天天2场网络会议，下班回家，打开电脑进入网络会场，手把手。

这张图清晰地说明了传统直销与网上运作直销的区别：

1. 心理因素

地面运作：碍于面子，害怕拒绝，难以启齿，难以突破自己性格的局限，没有几个人可以公开大胆地说，我是做直销的，即使你敢，得到的结局也是亲朋好友的背弃和疏远。

网上运作：无须面对面，很多人现实生活中不愿意与人多讲话，但是进入了互联网，很多人都能自如地沟通交流，无论在网上还是在现实生活中，我们都可以自豪地介绍自己，我是做网商的，非常有面子，大多数人第一反应都会是，了不起，你居然懂得在网上做生意。

2. 市场成本

地面运作：除了加盟的成本、最低业绩成本、制度陷阱等，很多刚刚进入直销的新人甚至是老人都忽略了另外一个成本，那就是市场运作开销成本。做直销需要到处走动、举行活动、开会、开工作室等等，这些都是要开销的，市场开销会伴随着事业拓展范围的扩大而增加。

网上运作：开拓市场的成本几乎是零，现在几乎家家户户都在上网，哪怕你要买电脑拉网线，投入也是不多的。

这里还要算算时间成本，传统模式很多时间都花在路上，而网商，点点鼠标即可开展工作。

3. 速度比较

地面运作：邀约、定时间、定地点、在路上……都要消耗时间；事业了解过程需要从头讲到尾，要了解对方，找需求，挖掘危机，讲公司，讲产品，讲制度……这些环节都要消耗不少时间。

网上运作：以光的速度传播信息，零距离开发市场，使用现成的空间、博客、论坛、微博等传播信息，以系统网络会议进行沟通，直接过滤网民，通过小组会议答疑促单，展开网上交易，省去各种繁琐环节。

4. 形象姿态

地面运作：未富先豪，没有成功，先要包装好自己，装出成功的样子，主动邀请新老朋友参加会议，参观公司，感觉是在求人。

网上运作：无须形象包装，穿着睡衣都可以开展工作，高姿态，客户来源都是主动找上来的，都是志同道合的高素质人才。我们都知道，直销能做大，是

人才的倍增，而不是人头的倍增。

5. **精力分配**

地面运作：一天沟通 3～5 人，回家一身疲惫。直销就是不断地邀约人，讲解事业，讲制度。

网上运作：一天沟通几十个人，通过语音，点点鼠标就能完成，一身轻松。

6. **运作难度**

地面运作：一对多，沟通难度大，借老师的力，事务繁杂，新朋友有时间，老师不一定有时间。

网上运作：多对一，沟通方便，借力方便，点点鼠标就可以邀请到专业老师。

7. **人脉数量**

地面运作：有限人脉，多是亲朋好友，需陌生开发，进一步拓展市场。受生活圈子限制。

网上运作：无限人脉，而且是全球优质的人脉，直接从陌生开始，市场面向全国，乃至全球。

8. **信任交易**

地面运作：新朋友交钱，老朋友协助报单。有中间环节。甚至有交了钱没有拿到货的现象。

网上运作：新朋友直接面对公司交易，自主操作。不经过任何中间环节。

9. **人脉质量**

地面运作：受生活圈子限制，很难找到大量内行人士。

网上运作：有大量的高质量人才主动找上门来合作，带队整合就可以了。

10. 市场范围

地面运作：局限于本地运作，难以开发外地市场。因为市场不断扩大，开销不断增加。

网上运作：直接面对全国，乃至世界市场。就像播种一样，洒向大地，遍地开花。无任何市场开销。

11. 成交概率

地面运作：接触人脉范围有限，身边人该做的都做了，没做的也听说了直销不好做，不敢上手。

网上运作：无限人脉，大量过滤，我们都知道，做直销就是做概率，主动找上来的，成交率非常高。

12. 学习频率

地面运作：学习频率不高，种种原因，难以坚持。

网上运作：每天两场正式会议，一场小组会议。随时可以参与学习，可以不占用工作时间，每天下班回来，打开电脑就可以参与学习，借力开发市场。

一名销售员的直销之旅

37岁的李胜利在12年前加入安利青岛分公司，成为一名专职销售员，此前他供职于青岛某国企。李胜利入职安利时，正值以QQ为代表的第一代互联网聊天工具在中国大陆全面兴起。伴随着2004年Facebook的成功上线，"社交网络"一词开始浮出水

面，这也给其开展工作提供了便利。

对此，李胜利总结道："20年前我们喜欢面对面交流，10年前我们喜欢烫电话粥，如今微信、QQ等移动社交软件前所未有地扩大了人的社交范围，可以说社交方式的变革带来了营销人员销售方式的变革。"

在事业刚刚起步时，李胜利记得他需要通过熟人网络来寻找潜在的营销目标。他是山大机电系毕业的，有些同学毕业后留校做了老师，那时候他就经常通过他们来认识新的朋友，其中也包括刚毕业的大学生，这种交际方式的弊端在于与一个人沟通，建立信任的过程太长，有时候一个月下来只能认识一两个新朋友。

之后李胜利尝试使用了论坛、QQ群、微博等社交工具，都取得了不错的效果，现如今他又开始用微信来搭建新的社交平台。2014年3月他才注册微信，随时分享美容保健小知识。通过这种方式，他在工作室每周举办的彩妆沙龙的参加者越来越多，一个月甚至可以交到几十个新朋友。

直销插上互联网翅膀后，飞得更高更快。一些运作成功的团队造就了不少百万富翁，或为更多人的兼职创收提供了更有效快捷的工具，直销在家创业的成功，将有力推动这一在家创业的浪潮。

双"微"时代，微商崛起[①]

继 2009 年微博营销火爆之后，微信营销近年来搞得热火朝天，前者注重转发和传播，后者注重互动，微博营销的火热势头稍退几分，微信的"正能量"已无人阻挡，实际上微博微信都已经进入双"强"时代，中国互联网已经处于双"微"时代，一个具有划时代特征的商人群体——"微商"已经正式浮出水面。

微商是基于移动互联网技术、应用平台和移动通信技术的结合，运用社会化移动营销工具，进行品牌传播、产品推广、活动营销、用户沟通管理等企业商

[①] 本文摘自中企新闻传媒网 2013 年 4 月 19 日文章《双"微"时代，天下微商已经崛起》。

业活动的个人和企业家。微商另一个显著特征是：利用移动互联网现有的各种终端应用平台（如微博、微信等），通过提升品牌曝光率、加强用户互动和移动电商成单，逐渐形成自己忠实活跃的微用户，并以此为企业在移动互联网中互动—传播—营销和发展的基石。

现今，微商群体已经成为移动互联网中一个新的商人群体的代名词，数千万微博营销的成功案例和数百万微信营销的成功案例已经证明了一个不言而喻的事实：微商遍及移动互联网，"天下微商"已经崛起了！

按照过去的经验，移动互联网相对此前的计算机行业周期能够创造和毁灭更多的财富，这主要基于10倍的用户乘积效应，即从一个周期到下一个周期，用户数和设备数量将增加10倍。移动信息所带来的前所未有的变革，正深刻地改变着我们的生活和营销，中国将和世界一起全面进入数据库营销时代。移动互联网正引领互联网进入一个新的产业周期，不可否认移动互联网已成为当今世界的主流。

过去的网商利用电子商务创造着一个个财富神话，现今微商从无到有，从小到大，从弱到强，数百万商户及企业已经在移动营销市场获得了成功。2012年10月，中国工业和信息化部发布了通信业运行报告。数据显示，中国移动互联网用户数已达7.5亿户，首次超越PC互联网，微商未来将会超越传统电商，创造更惊人的移动互联网财富。

移动互联网时代双"微"联动，以微博厚积传播，以微信精准薄发。微商企业识微见远：看清了移动互联网微营销的大趋势；企业以微聚威：实现企业品牌传播与营销的威力；企业微言大利：微时代一言一行都有可能给企业带来巨大利益和价值。

2013年，移动互联网已经见证"天下微商"崛起，微商群体将共享数万亿的移动互联网财富。

微信引爆电商

2013年之前，提到微信，多数人还是把它当作一个社交媒体。

但进入2014年后，越来越多的人发现，微信竟然成为电商最重要的渠道之一了。

身为国内社交媒体巨无霸，在电商领域迟迟打不开局面一直是腾讯的心病。继拍拍和易迅并入京东商城后，腾讯依然没有放弃进军电商的想法。

微信出其不意地迅速成为移动社交媒体的第一应用后，微信将电商战略重新寄托在微信之上。让微信成为电商的入口，便成了微信的战略之一。

实际运营中，腾讯在摸索中也不停地改变着自己在微信电商方面的策略：2013年8月，微信5.0把公众账号分为订阅号和服务号，并加入了支付功能，随后，淘宝完全屏蔽了微信公众账号和能够指向其他网购平台的外链二维码图片；2013年11月，腾讯旗下的电商易迅入驻微信"我的银行卡"；2014年，腾讯战略入股京东，把拍拍、QQ商城和部分易迅股权打包给了京东，并向京东开放了微信的接口。随后，在微信"我的银行卡"中，易迅的位置换成了京东微店；5月29日，腾讯正式宣布推出"微信小店"，凡是开通了微信支付功能的认证服务号皆可在公众平台自助申请"微信小店"功能。

微信向京东开放接口、推出微信小店后，意味着微信电商布局已从概念走向实质性的生态链。

2013年，至少数万人加入了微信电商的行列。2014年，随着俏十岁、思埠等年销售额十亿以上的微商大鳄浮出水面，微商一词迅速流传开，一时间手机屏上"满城尽是面膜族"，微商在引爆新的商业模式的同时，也引发了广泛的争议。

微商创富故事

微商第一人——思埠奇迹缔造者吴召国及其模式

如果仅从爆发力来讲，微商的兴起和盛行的确出乎很多人的意料，其中，思埠集团的成长速度尤其令人咂舌。

从2014年3月正式进入微商渠道以来，在不到一年的时间里，思埠集团旗下现已拥有黛莱美、天使之魅、纤雅、素佳等四个化妆品品牌，并邀请到包括杨恭如、秦岚、袁姗姗、林心如等在内的知名影星为相关品牌做形象代言人。开始的时候，由3名创始成员组成的思埠还在只有十几平方米的地下车库办公，而到2014年底，高达13层的思埠大厦就已经在广州市花都区建成，并正式投入使用。

受益于时代、科技的向前发展所带来的机会红利，以及企业营销思路的转变，思埠集团在微商发展的起步阶段成功淘到第一桶金，并成长为这一领域最具代表性的企业之一。

吴召国本是山东临沂人，2003年高考落榜后曾一度在街上发过传单，卖过油漆。两年后的 2005 年，为生活所迫的吴召国背着包穿着 30 元一双的皮鞋，挨家挨户到美容院推销化妆品，由此进入化妆品行业。

后来，由于一些原因，吴召国被迫离开该化妆品公司，并自己在山东成立了一家化妆品代理公司开始创业。2013 年，吴召国将公司整体南下迁往广州，并成立广州黛莱美化妆品有限公司。到 2014 年 3 月，在朱强的投资下，广州思埠生物科技有限公司正式成立。

最开始，思埠只有 50 万元的注册资金和 15 万元的启动资金，经过大半年的发展，2015 年 1 月，公司注册资本直接变更为 1 亿元，公司名也由广州思埠生物科技有限公司更改为广东思埠集团有限公司。而这一切，都得益于思埠旗下主打品牌天使之魅、黛莱美在微商渠道的迅速崛起。

随着移动互联网时代的到来，微信等社交应用开始在大众之间广泛普及开来，从代理商转型去做品牌的吴召国从中发现了商机，并决定尝试将产品通过微商渠道来贩卖。

思埠成立后，首先推出的是天使之魅的面膜品牌。在吴召国看来，面膜具有相对较多的受众群体，并且容易形成品牌和口碑。根据吴召国的介绍，天使之魅面膜主要针对 18 至 38 岁的年轻消费群体，并以家庭主妇和在校大学生群体为主。

此外，相比于其他人群，家庭主妇和在校大学生群体有较多的时间做销售，正好契合思埠的微商模式。同时，正是这些社会最底层的人，成为思埠发展微商渠道的中坚力量。

自媒体华南六少联盟创始人余小华是如此评价吴召国和他的微商模式的：

基于2013年微信的崛起，移动互联网思维的创新以及传统公司通过微信启动互联网的电商战略。微信会成为一个顺势的大风口，可能不弱于甚至要超过前几年淘宝带来的机遇，在移动互联网时代你是买家也是卖家，让所有参与的用户帮你获利，传说中的微信平台人人开店，将变成现实，供应链环节交给社会化大分工，你只需要维护好自己的微友，就可以坐等粉丝大爆炸给你带来红利，特别是80、90后这一代，将是微信的创业主力军。这种情况很像前几年淘宝带来的发展机遇，为百万人群提供了创业发展平台。吴召国独到眼光看到了这个绝对的风口，也成就了思埠集团面膜微商分销帝国。

我们也许在85后的吴召国身上看到了一些平凡人不具备的人格特征：他们出身于那个饱经风雨的年代，草莽，不无野蛮，内心强大，坚忍而且勇于拼搏进取。现实的冷酷使得他们能够百无禁忌地去冲破一切游戏规则与准则。

吴召国正好出现在这一时间段的互联网商界，自称"出身草根"的他，身上或多或少拥有上述"族群"的那种精神特质，他所经历的生活困难是常人无法做到的或者内心无法感受到的。对他来说，成功只是时间问题，他终于在28岁的年龄实现了亿万富豪的梦想。

在余小华看来，吴召国的微商模式之所以成功，关键在于以下两点：

1. 抓住了微时代早期红利风口，站到了最高起点。早期他们真正笼络了草根创业家庭主妇及大学生群体：这些微商家庭主妇及创业大学生才是思埠集团忠实的核心创业跟随者，如果没有他们就没有思埠，思埠确实给那些草根创业分销商带来了利益，所以他们才可以跟你走得长久。

2. 思埠早已摸透了微信营销，掌握了一套强悍的运营商业模式。有一句俗话说：早起的鸟儿有虫吃，就是这个意思。先进入者获得微商市场红利，后进来就不一定有。吴召国有段话，说得很精辟很有味道，他说："早在做电商期间，我就接触到很多自媒体，像微博、微信。微商，我的定义就是微小的商人，微小的商店。经过这半年的时间，我对微信营销进行了仔细的研究规划，摸透、摸清了一套全新的运营模式。微商和电商最直观的区别在于，如果说电商还需要开个店的话，那么微商只要求你有一部智能机，有一些人脉和朋友圈就足够了。**从终端来看，微商是'微小'的，但是其中孕育的商机却庞大无比，微商就是存在于细微之处的商机**。在微商时代，每个人既是消费者，又是销售者。"这些话直接击中微商最重要的特征，讲得非常正确。

两个普通人的微商创业之路

一个人,一部手机,一个圈子构成了一个大舞台。

"微商"生于自媒体时代,它存在于现代人的每一个网上社交圈,一时间,似乎大家的空间、朋友圈、微博等私人领域成了一个大卖场。有人对之不胜烦恼,有人对之趋之若鹜,而商家却从中嗅到了商机。

一个人,一部手机,一个圈子构成了一个大舞台,让微商创业者尽情展示聪明才智。这些"创业者"敏锐大胆,对新生事物敢于尝试,勇于行动又富有商业头脑,虽然没有多少资本,却有很多新的点子。几乎零门槛、零成本,建立在熟人基础上的社交平台成为他们最好的创业舞台。

侯远鑫是个标准的90后,已经做村官两年的他在工作中练就了沉着冷静的性格,从微商的出现,再到周围的人纷纷做起"微生意",他一边观察一边思考——到底要不要做?做什么类型的生意?

2013年10月,侯远鑫发现原本工作稳定的表姐在空间里面发了一条关于某洗发水产品的"说说"。他询问表姐这是怎么回事,表姐告诉他,自己代理了一款洗发水,在自己的朋友圈和空间里面做推广宣传,生意也还不错。

当时的侯远鑫还有些许犹豫——这种营销模式到底能不能拉拢消费者?他试着在自己的朋友圈和空间里面帮表姐做宣传,没想到来询问的人还不少,所以2014年年初,他自己也跟着表姐做起了"微生意",在朋友圈和空间卖表姐代理的产品。

每天两个小时的业余时间，使用电脑或手机操作，接订单，发订单，就这样，侯远鑫慢慢当起了"微商"。刚开始他在空间和朋友圈里面发信息，很多人都问他是不是QQ被盗了，当时的他觉得又好气又好笑，但他都一一耐心解释。

从一个月只能卖出一二套产品甚至零订单，到现在，侯远鑫一天能接三四个订单，一个月下来能挣2000元左右。他告诉记者，"微生意"需要慢慢地积累人气，靠朋友间的口碑来做宣传，可能一开始没人理解，没有订单，但坚持下来就会有收获。

无独有偶，《南方日报》也报道了一名80后白领的微创业故事。

在创业之初，刘娣是东莞知名跨国企业的总裁助理，这是一份让朋友羡慕的工作。由于平时闲不住，她联系了在日韩留学的同学，开始做起了化妆品代购。出乎意料的是，由于价格公道，每个月仅兼职的收入就超过了工资。

尝到甜头的刘娣开始酝酿辞职创业了。她很有信心，一方面得益于跨国企业所形成的人脉资源，另一方面，兼职时恰逢微信朋友圈以及微商的红利期，她积累了一批忠实粉丝。

创业项目如何确定？"做韩国代购，满市场

都是。"刘娣想，既然有人脉有粉丝，不如做精品。但是从去年底开始，微商已经达到一个白热化时期，加之日韩代购竞争太激烈，创业时机的选择仿佛并不合时宜。

"从来没有尝试过只做一款产品，我想试试这种精细化运作。"做事雷厉风行的刘娣根本不屑瞻前顾后，很快敲定了产品，从几十款产品中挑出一款口碑极好的英国品牌，且笃定只做一款产品，这款偏高端的产品售价在2000元以上。

刘娣投入全部身家，她的微商正式启动。由于是全职，为了及早证明自己的眼光和创业思路，她开始疯狂地在朋友圈发广告。始料未及的是，她很快收到了亲戚朋友的投诉，甚至有一些风言风语传到她爸妈那里："你女儿是不是加入传销组织了？"想起这些话，刘娣至今仍然觉得内心很受伤。雪上加霜的是，她通过一种测试软件发现有很多亲戚好友都拉黑了她。

"有挫折也好，这让我很快意识到，猛发广告的途径是万万不行的。"她需要调整策略，"将心比心，我也没有照顾到朋友圈中人心的需求。"刘娣做出判断，高端的产品需要用精细化的营销来打开局面，先社交，再营销。

于是，刘娣恢复像往常一样的生活。同时，她也亲自前往瑜伽馆、高端服装店去建立联系，希望能共享客户资源。此外，刘娣每天撰写1000字的测评文章，在微博、QQ及各大美肤贴吧分享贴文。更巧妙的是，她还利用火热的微信红包功能，不惜派发上万元"加我有红包"，以招揽粉丝。

不到半年的时间，刘娣积累了大量陌生粉丝。但这些粉丝并不稳固，而是处在不停地删不停地加的过程中。每隔5到7天，刘娣

都会及时与产品试用对象进行简短沟通，以不打扰试用对象的工作生活为限。"做绿色微商需要的是精致精确的粉丝，需要创业者研究人心的需求，投入情感。"刘娣说。

2015年3月，刘娣微商的销售额接近80万元，由于产品单价高，盈利大概在12万元左右。刘娣微商创业的成功很快传遍了朋友圈，很多朋友都认为她一路走来很顺利。但她自己觉得一点都不顺利。

在做微商期间，刘娣也遇见过极端情况。一位买家用了她的产品后过敏，长满红疹，买家扬言要告她，刘娣差点急哭了。她亲自到外地，自己出钱让客户去质检中心做检测，并让买家前往医院检查。她诚恳地对买家说："我一定会负责到底，请你一定相信我，再坚持用一周。"因为基于刘娣自己的研究，知道市面上有太多激素类保养品，买家可能就是激素脸的过敏反应。结果她的判断是正确的，这个买家后来还成为刘娣的常客，并在朋友圈里主动帮刘娣宣传。

"被很多朋友拉黑后，我就立志，一定要做起来。"目前，刘娣的朋友圈已积累了4000多个黏性粉丝，这都是她每天熬到凌晨2点，早上7点又开始努力工作的结果。

微商是个好渠道，尽管无数人厌烦了朋友圈广告，但对于创业者来说，其他渠道其实都比较困难。有想从事微商创业的人千万不要犹豫，只有行动起来才能看到结果。做微商跟做淘宝不一样，微商利用朋友圈，一定要做口碑。

刘娣的经验对家庭主妇、大学生等创业者一定有用。**做微商，有时候就要跳出猛发广告的泥淖，去研究精细化营销反而能有所突破。**

**CAIFU DILIUBO
ZAIJIA WEICHUANGYE**

财富第六波
在家微创业

| 第 5 章 |

直销与微营销的碰撞与融合

移动商务时代直销面临的挑战

我们在上一章已经提到传统直销面临的困惑。随着社交媒体在全球范围的流行，以及中国大陆的微博、QQ 空间、微信、陌陌等社交媒体的病毒式蔓延，尤其是 2014 年微商模式悄然崛起，传统的营销模式无不遭遇全新的挑战。这其中，微商对直销模式的冲击是悄然无声的，但其发展态势对直销的威胁却越来越大，如果直销企业和直销人不能充分认清微商的趋势和优势，积极主动应变，学习和掌握微商的知识和操作技巧，寻求与电子商务融合发展，将迅速被时代抛弃，错失绝佳转型和重塑机会。

著名直销研究专家杨谦教授在某直销行业研讨会上坦言："电子商务的发展使得直销行业引以为傲的个人低成本创业、自由机会、关系营销等商业模式不再具有竞争优势。"

互联网及电子商务的迅猛发展，正在改变商业流通的结构，快消品的供应链重组模式不断更新，消费者被越来越多地吸引到线上。2014年双十一，阿里巴巴创造了一天高达571亿元的成交纪录。与此同时，传统零售业则是另一番景象，实体店铺频现关店潮。

尽管直销是最早呈现出网络状、最早重视社交和人际关系的行业之一，但是飞速发展的技术引起的商业模式变革依然让直销企业感受到巨大压力。

杨谦认为，应树立互联网战略思维，以数据挖掘、异业联盟、社交连接、娱乐营销思维，去提升企业的竞争力，构筑新的商业生态。

越来越多的直销企业意识到，与电子商务融合发展是直销企业的重要出路。安利（中国）日用品有限公司总裁黄德荫说，直销靠的是口口相传，微信、QQ、微博这些社交媒体可以扩大营销人员的社交边界。此外，互联网还直接改变了直销行业的传统业务形态，使直销人员从"推销"跃进到"营销"。

概括而言，移动商务时代直销将在以下几方面遭遇前所未有的挑战：

1. 经销商与消费者之间信息的不对称性将快速被打破

互联网为消费者提供了即时大范围获取资讯的功能，越来越多的人通过网络获取产品讯息；其次，他们依赖网络能够解决消费过程中遇到的问题；再次，消费者在各类无所不在的社交媒体的移动端上就能够

随时随地与他人直接交流。以往经销商对消费者单方面的引导和传播的力度和效果都日渐削弱。

通常来说，直销这种营销方式之所以长久存在，利用的就是信息的不对称性和相对封闭的圈子文化。随着互联网技术的变革和圈子营销的发展，企业和企业之间的壁垒的消除越来越难以避免。人们每天打开手机，看到的都是不同企业和团队的信息，这些信息是爆炸性的，基于此，企业和团队的建设都将面临严峻的考验。对于消费者而言，他们以往通过销售人员最直接的讲解产生购买的意愿。随着信息的开放，他们也会进行调查研究、搜索和关注。做出购买的决定后，越来越多的人希望分享。调查和分享将会使以信息不对称性为优势的直销这种营销方式发生改变。今天，消费者获得信息不再单纯通过人员的介绍，每个网民都可能是信息的中心。

基于对全球互联网领域关于移动化、社交媒体、大数据与云计算这四个领域的趋势洞察，安利推行了"全球IT战略"，并且在此基础上，实施线上电商直销模式。从整体商业模式来看，此举是将其长期采取的线下C2C直销模式，从线下搬到线上，为其直销人员与消费者搭建了更加便捷的桥梁。

全球性个人护理品和营养保健品行业的领导企业如新也意识到了线上和线下结合的重要性。目前如新在线下已有40多家销售店面，这部分店面承担的作用主要是让消费者实地感受产品，以打消他们的顾虑。消费者线下了解之后，可以现场买，也可以进行线上下单。

2. 微商与直销公司直接抢夺年轻一代和草根族

随着直销企业的市场竞争格局越来越趋向明朗化，直销业务团队以往的腾挪跌宕也渐趋平静，这就意味着直销圈内相互挖墙脚的做法将失去市场空间。那么，直销企业怎样才能拓展更多的消费者和业务伙伴？

越来越多的直销企业将目光投向了更宽泛的大众层面。但主打保健品和护肤品、日用品的传统直销企业多数靠报单业绩维持整体经营水平，价格相对昂贵的产品早就失去了对普通消费者的吸引。微商的创业人群恰恰是以90后的学生和家庭妇女为主，微商的碎片化和裂变效应对于这类人群的诱惑要远大于负面缠身和宣导"要成功先发疯，头脑简单向前冲"的直销行业；而网上流传的各类屌丝和草根一夜暴富的微商神话正越来越动摇传统"要有长远打算"的直销人的意志，直销人向微商移动的大趋势已然不可逆转。

在争夺年轻一代和草根一族的竞争中，相对老化、保守、过分依赖线下面对面沟通和会议营销的传统直销遭遇到前所未有的挑战，直接面临后继乏人的断代危险。

3. 社交元素挑战传统的保健品营销

传统的直销行业一向以保健品和化妆品居多，这类产品除了高毛利的特点外，通常都需要贴身指导和服务，因此面对面的直销模式得以发展并逐步壮大；然而随着Facebook、twitter、新浪及腾讯微博、QQ空间、手机QQ、微信、陌陌等社交媒体和移动社交平台的日益普及，年轻一代只对那些社交话题强、适合病毒式传播的产品和服务感兴趣。他们热衷刷屏和转

发的都是媒体上的热门话题和个性鲜明、充满娱乐性的信息，传统的保健品护肤品在他们眼里都OUT了，他们自己既无兴趣，就更谈不上分享。面膜之所以成为微商第一大品类，就在于面膜的主要用户群体是女性，女性是微信上频刷朋友圈的用户。既然女性是面膜的消费群体的主体，又是微信朋友圈的活跃分子，而女性的消费往往又深受朋友的口碑影响，三者一拍即合。微信朋友圈中的女性消费者们构建了一个面膜消费的口碑传播大环境，面膜自然就活跃了起来。

2014年直销业最火热的项目不是某类保健品、护肤品和日用品，而是一家来自美国的旅游直销公司——WV梦幻之旅。撇开围绕WV的各种争议不提，其主打产品和服务"旅游"，完全超越了传统直销的保健品等实物产品。心理学家研究发现，旅游是人的内在需求，尤其是在物质条件达到一定程度时，人对旅游的需求就更强烈。

对于绝大多数人来讲，享受与放松是旅游的主要目的，也是生活品质提高的一个标志。

外出旅游可以接触到日常生活中接触不到的事物，做一些日常生活中没有条件做的事情，使自己得到日常生活中得不到的新鲜感。同时，审美追求是旅游者外出旅游的主要动机。旅游开展后，作为旅游对象的旅游资源，无论是自然旅游资源还是人文旅游资源，都是美的载体，无不包含着人类文化因素，自然旅游资源投射了人的情感，成了旅游者的观赏对象。人文旅游资源是因为具有社会政治、经济、历史、宗教、艺术和民俗风情的等诸多的文化因素，才具有丰富的文化内涵，如餐饮服务中的饮食文化、接待服务中的礼仪文化等。

旅游能帮助人们摆脱孤独感和压抑感。人是自然中的人，在人的内心深处满怀着爱的需求。他渴望人与人之间互相关心、互相理解、互相尊重。旅游这种日常生活之外的生活能够为人们提供这样一种环境。旅游者之间没有直接的利益冲突，他们可以建立起纯朴、自然、坦诚、和谐的人际关系，让人们得到一种爱的满足。

社交媒体发达的今天，人们更热衷于将旅游所见所谓随时随地通过微信、QQ空间、陌陌等社交APP分享出去，而这一过程更接近于自然的分享而非目的性强的营销意图，使无论是熟人还是陌生人之间的交流都容易进行和深入。因此WV借助社交媒体，尤其是微信，迅速在中国传播开来，成为一匹罕见的黑马。

4. 突破线下熟人圈子，可以向任何社交媒体上的好友拓展业务

微信朋友圈营销推广成本低，软件使用免费，使用各种功能都不会收取费用，所产生的上网流量由网络运营商收取比较低廉的流量费。如果需要一些高级功能，可能需要花费少许经费，但普通的草根完全可以勤能补拙，通过一些技巧和重复劳动来弥补营销推广技术方面的空缺。这与传统直销在线下聚会在时间和金钱上的投入相比无疑具有很大的优势。

善于学习和借鉴一直是直销人的优势，面对移动互联网的席卷之势，面对星火燎原般的微商发展势头，众多直销人选择了主动迎接挑战，努力将直销行业的成功基因与微营销和微商模式融合，与时俱进，确保企业在互联网时代的竞争力。

直销行业微信营销现状

下面是一篇来自《中国直销周刊》的报道：

根据调查显示，2013年，共有25家直销企业开通了微信公众平台。已开通，且已运营微信公众平台的直销企业占拿牌直销企业总体的58.1%。6家直销企业开通但尚未运营微信公众平台，占拿牌直销企业总体的14.0%，还有12家直销企业尚未开通微信公众平台，占拿牌直销企业总体的27.9%。

目前，直销企业的微信公众账号类型以订阅号为主，仅有安利、雅芳等少数直销企业开通了服务号。**大多数直销企业希望通过微信影响网民的选择，不断推销自己的产品和品牌，以此来保证自己的市场地位或开拓更大的市场。**

据调查统计，已经开通微信公众账号的直销企业，其微信公众账号传播的内容主要涵盖11个方面，即企业资讯、产品推介、养生保健题材、美容护肤题材、生活百科、销售技巧、抽奖活动、励志类题材、行业资讯、趣味题材和社会热点话题等。微信用户男女比率为63%和37%，年龄分布情况以20～30岁之间为主，占74%（如下图所示）。

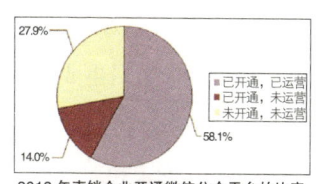

2013年直销企业开通微信公众平台的比率

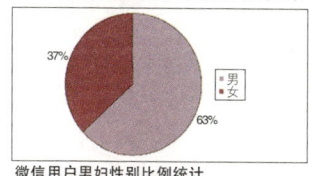

微信用户男妇性别比例统计

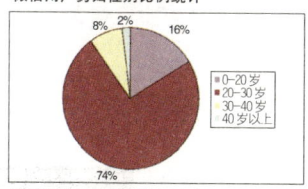

微信用户年龄分布情况统计

微信营销的亮点

1. 卖萌营销

在一些传统企业将卖萌玩得风生水起的时候，直销行业中也有一些企业积极开展了卖萌营销，并且其营销可圈可点，尤其是康宝莱和安利，其卖萌营销在直销业中较成熟。

安利的微信公众账号是"小安"，康宝莱的微信

公众账号是"小康康",宝健的微信公众账号名称是"小宝"……这些名称都是采用卖萌营销的策略,拉近了读者与企业之间的距离。

2. 互动营销

据悉,2013年,部分直销企业在微信营销中开始有意识地与消费者进行互动,取得了良好的效果。葆婴的官方微信"葆婴有限公司Babycare"在5月推出《母亲节,感恩生命中最重要的女人》活动、6月推出《分享你的故事免费赢PC》活动、7月推出《WTA明星签名礼品抽奖》互动活动,反响都很好。

从整个直销行业来看,葆婴这三次活动是比较典型的。首先,葆婴做到了每个月均有与消费者的互动,且互动具有连续性,能够让消费者形成深刻印象。其次,这三次活动都强调企业与消费者的互动,激起消费者的参与热情,改变了以往单向传播的不足。再次,葆婴的活动做到了将活动与产品相结合,事实上是让消费者体验,也是一次体验营销。

3. 时尚潮流

微信要好看好玩,就离不开社会热点话题,以及时尚潮流。2013年,这一方面运营最为成功的当属嘉康利。嘉康利共开通了5个官方微信公众平台,并策划了一系列鲜明时尚的活动主题,如《炸鸡+啤酒,多吃不健康》,直击当下流行的韩剧《来自星星的你》;《"十面霾伏"下,我们如何突围》针对时下的雾霾天气。这两个都是较为成功的微营销案例。

针对两会热点,嘉康利还与人民网合作

嘉康利微信互动活动

推出了《我有问题问总理》的活动，利用时事热点激发消费者的参与热情，依附热点增加自身的曝光度，在品牌宣传和企业形象塑造上都取得了良好的效果。

玩转微营销的三板斧

微信营销方兴未艾，如何玩转微营销，是每个直销企业都关注的话题。从2013年直销企业微营销的现状看，这一话题尤显迫切。要玩转微营销，就要从用户的需求出发，把握心理需求、引导刚性需求、挖掘潜在需求。

微营销是2013年营销界最热门的话题，一些直销企业嘉康利、康宝莱、安利等利用微营销获得了品牌的提升。但还有部分企业存在缺乏重视、定位不清、缺乏创新与互动、过度营销等问题，忽略了消费者的需求，因而，直企要想玩转"微营销"，必须学会以下"三板斧"。

一板斧：把握用户心理需求

研究表明，获取优惠和独家信息、娱乐与打发时间、关注热点问题是微信公众平台用户关注的三大目的。简言之，微信公众平台关注的心理就是好看好玩又有便宜。

微信公众平台实际活跃用户数量不理想，主要原因有，用户体验不佳，有用信息较少和缺少想要关注

的内容等方面，占比分别达到34.5%, 28.6%, 和23.9%。总体而言，该建立在微信公众平台的二次开发市场需求比较大，目前国内已有一些企业有针对性地提供类似服务。

由此可见，微信公众平台要着重从用户体验，把握用户心理需求，为用户提供有用信息以及更人性化服务等方面去努力，充分迎合用户的心理需求，提升客户满意度，才能真正发挥微营销的效果。

二板斧：清晰定位微营销战略

移动互联网的发展深刻地改变了人们的生活，用户获取信息的途径和方式已经发生了深刻的改变，碎片化的生活方式正在成为人们生活的常态，而直销企业微营销的受众也正在发生变化，直销企业不应再固守原有的思维模式，应该正视微营销的重要性。对于目标受众的界定，以及其消费习惯，也应该重新去认识。同时，企业应该摒弃那种将微信公众平台当成官方网站的错误想法，真正从移动互联网的角度去理解微营销，这样才能使企业的微营销更专业化，更有效果。

另外，直销企业运营微营销应该提前做好战略规划。大多数直销企业的微营销都有一个通病，微信公众平台开通后，还没有吸引到一定的用户关注，就急于营销，发布大量广告，这种急功近利的行为都是缺乏战略规划的表现。直销企业应该树立长期营销的观念，只有吸引到一定量的用户，用户黏性提高之后，营销才有意义。

三板斧：以互动强化用户体验

作为一种颠覆传统营销方式的全新模式，微营销以个性化著称，直销企业不应局限于信息传递的作用，而应注重创新服务，给用户带来新体验，提升用户体验效果。

微信互动沟通的主要目的是增强用户黏性，使用户成为企业的忠实粉丝。良好的体验感和互动性是企业公众微信互动的基本元素，通过一些互动营销的插件让客户乐于参与企业的营销活动中来，不是单纯地扫描二维码获取企业推送的信息。企业微信公众平台可以通过"大转盘"、"刮刮乐"、"优惠券"等营销活动，分层级地自动应答菜单编辑功能，微信线上抽奖，客服宝即时响应等功能，让自身的公众微信的互动营销变得更有趣。这种有趣营销方式，能够让用户在玩的同时，潜移默化地受到企业品牌的影响，从而提升对该品牌的依赖感。

微信用户管理具有强大的用户管理分析、群发图文消息分析以及用户消息分析等数据统计功能。公众微信后台的用户管理是截止到目前，市面上最靠谱且正在不断完善和强大的CRM（客户关系管理系统），**它的核心和本质告诉你：忘记推销，用心服务，用精细化的服务为用户创造价值，获取用户满意度和口碑。**

直销巨头的移动互联网实践

随着互联网对传统行业的全面冲击，直销面对的商业环境同样难以独善其身。各种社交媒体的出现，使年轻一代越来越排斥传统的面对面的销售模式。稳居全球和中国直销市场龙头地位的安利，敏锐地感知到市场的各种变化，也在不断探索如何有效应对这场移动互联网带来的变革。

在安利（中国）日用品公司总裁黄德荫看来，回顾商业的历史，技术的进步、时代的发展确实是改变商业进程的一股强大力量。不少之前很优秀甚至很卓越的企业，跟不上潮流的发展，都难以摆脱被时代淘汰的命运。130多年历史的柯达因为跟不上数字化影像技术的发展，最终破产；诺基亚手机错过了智能手机的发展机遇而被微软并购；拥有1.3亿读者的美国《读者文摘》因为没有适应年轻人群体的阅读习惯和数字化的阅读平台，也最终走向了终结。因此黄德荫感到直销行业现在已经面临这样的挑战：直销会不会被互联网技术颠覆，会不会被淘汰？

安利深思后的结论是：直销行业会面临整合，但绝不会被颠覆。

电子商务的发展，在未来五年对供应链端的变革提出了要求，一切中介都将在移动互联这种全新电商面前被摧毁。在此过程中，中间商赚差价模式正在随着产销的结合被挤出去，因此，中间商必须找到新的价值，转向服务。不可逆转的互联网发展对直销形成了直接挑战，包括社会化创业的分流、产品的冲击、价格定位、售卖方式等方方面面。对以保健品为主打的直销行业来说，主流文化越来越年轻，如何争夺网络一代成为重要命题。

"直销是最原始的社交网络。"不久前，在巴西举办的世界直销行业大会上，这是一句反复被提及的标语。在黄德荫看来，存亡与否在很大程度上不是由互联网决定的，而是由直销企业自身所决定的，"要适应新的时代，需要有两个要素，一个是我们自身的优势，能不能在新的时代中得到更好的发挥与拓展；另一个是有没有自我变革的勇气，能不能与时俱进，自我发展。"

安利：社会化营销与网购建设并举[1]

矩阵式社会化营销

2011年2月28日，安利率先开通微博（新浪）账号@安利乐活城，并以此为起点，在2013年企业社会化营销元年之时，开启自身社会化营销第一式：矩阵式。

矩阵式首先搭建起社会化媒体"安利微矩阵"：六个官方微博账号和七个官方微信账号，形成"多界面"的客户服务体系。如@安利纽崔莱健康跑宣扬运动与健康生活理念；@AYAC青英荟针对35岁以下人群；近24万粉丝的"安利微刊"微信公众账号推广乐活的生活方式。其次，依托微矩阵，方便全方位启动"事件营销"。

第二式：互动式。@安利乐活城是安利的官方微博平台，娱乐的互动方式使它与众不同。2013年1月，"看植物猜营养素"互动活动将安利纽崔莱与流行手游"疯狂猜图"结合起来，成为"疯狂猜图之安利版"。固定的"乐聊吧"栏目以平均每周一个微活动与用户进行一对一互动，实现社交互动娱乐狂欢。

第三式：整合式。从2014年5月起，纽崔莱多种植物蛋白粉配合《变形金刚4》电影植入，在全国逾200个城市开启了"加一勺，活力变身"的主题线下活动，包括汽车人告诉你、活力机械舞、我的优享吧。

在安利纽崔莱的官方微信账号上，粉丝可以在纽崔莱蛋白质优享吧

---

[1] 摘自广州日报大洋网2015年1月5日文章《先师，社会化营销豪华套餐》。

现场录下汽车人说的话,发送给账号,系统就会解码。而在@安利乐活城官方微博上,互动活动"你和变形金刚合影了没"收集到了粉丝近千篇的合影作品。人们还可以在安利纽崔莱APP上观看电影的精彩花絮,制作属于自己的变形金刚表情,还有蛋白测试、早餐推荐等与纽崔莱品牌紧密相关的互动内容。

开通微信购物平台

从2014年9月开始,安利云服务平台已与腾讯联手,在北京、上海和广州等城市开通了微信购物平台,消费者可以通过这个平台购买安利的产品,也可以成为安利的优惠客户。

以网购平台为基础,安利同时注重增强客户线上线下的营销体验。如在上海开设的体验馆,就可以为消费者提供进一步的线下体验。通过网络平台加入安利的客户,可以通过体验馆深入接触安利、了解安利。如果说安利从前的直销模式是"点到点",今后通过网销渠道可以实现"点到面",网销把客户吸引到线下,再增强客户的线下体验。未来,安利的直销店铺会更多地增加体验元素。

如新：主张互联网和实体营销的结合[1]

如新公司在20世纪90年代就建立了全球性电子商务公司平台，连通全球的生产和供应链。目前在全球任何一个地方下订单，如新会在48小时以内把货送给客户。在中国大陆地区，如新除了建设实体店铺和网点以外，也建设了互联网的销售网络，客户可以在互联网上找到如新公司所有信息，可以在互联网上去购买如新的产品或者服务，或者对如新的产品和服务提出意见和投诉。

对于很多传统的销售公司而言，现在互联网的发展的确造成了很大的挑战。实体营销店的功效很大一部分被互联网所取代。**实体营销店承担着店铺成本和营销人员的工资、保险等等，所以它在市场竞争力方面明显低于互联网。** 80后、90后的年轻人会在实体营销店挑选他们所喜欢的产品，然后到网上去寻找价格合适的产品，这给实体营销店带来很大冲击。

但是实体营销店不可能完全被网上购物平台所取代，原因是消费者不仅仅需要产品，更需要体验。消费者不仅需要从网上知道这个产品的文字和图片介绍，更多时候需要试用、试穿，这是互联网解决不了的。在这种状况下面，实体营销店本身的优势就体现出来了，但是如果实体营销店坚守它的实体营销，而不和互联网结合的话，它会面临一个非常残酷的竞争环境。

如新公司更主张互联网和实体营销的结合，这是如新公司布局

---

[1] 参考新华网2015年3月5日文章《如新李潮东：用互联网思维做直销》。

2015年和2016年一个主要的抓手。如新相信这也许是很多实体营销店的出路。在如新看来,实体营销和互联网会是一种又竞争又平衡的关系。

康宝莱世界杯的社群整合营销[1]

2014年6月13日至7月14日,正值四年一度的世界杯在巴西举办。康宝莱全球品牌代言人C罗作为葡萄牙国家队队长出战。康宝莱在本届世界杯期间利用世界杯的热点话题效应进行全面的社群整合营销,并通过大数据分析针对目标受众嵌入微信平台游戏加深与品牌消费者的互动。

微博推广

通过微博来做品牌传播是比较成熟的社会化营销方式,在移动端,微博也有非常大的用户量,所以做移动营销,微博也是必不可少的一环。微博的媒体功能更加突出这一特性,在微博端主要通过一些微博红人进行内容地址发送。

微信传播

在微信端的传播,除了在康宝莱官方订阅号上进行互动游戏植入以外,也通过其他相关类别的微信大

[1] 摘自《广告主》杂志2015年1月7日文章《康宝莱效果营销案例解析》。

号进行内容推广。此次推广的另一个任务就是推广康宝莱的微刊服务，在微信端的推广注重这一块的推介。

微信平台游戏开发

在康宝莱官方微信订阅号建立世界杯互动游戏是本次移动营销传播的特色之一。互动游戏能快速吸引消费者参与，消费者停留时间越长，就越容易对品牌产生忠诚度。另外，参与游戏的用户也能通过微信把游戏结果分享到朋友圈，产生二次传播。

康宝莱世界杯攻守大战微信游戏，设计与绿茵赛场的画面切合，操作简单，9方向键选择，随时随地纵情球场，你可以选择比拼好友或是挑战C罗，打败对手成功破门、守门即可赢得积分，积分累计可换取精彩大礼。动漫Q版球星，独特动画展示，进球动作特写，掌上无限激情，让世界杯更加精彩。

活动期间，康宝莱制作了一款结合C罗、足球及世界杯热点元素的游戏，为品牌及品牌形象代言人在世界杯期间造势。康宝莱十分注重社会化媒体的营销，为增长其微信及微博的粉丝，有效利用了微信平台为其制作了一款基于官方微信平台的游戏《攻守大战》。

康宝莱一直追求健康生活的品牌理念，并签约C罗作为形象代言人，这为康宝莱在世界杯期间的Social Media推广做好了铺垫。重点要引起年轻人的关注，在他们的印象中留下康宝莱健康的形象。通过在微博端和微信端的一系列营销手段，本次活动把营销圈定在目标人群中并获得了良好的关注度。

利用"世界杯"热点话题以及康宝莱形象代言人"C罗"的明星效应，康宝莱最终实现了巨大的人群覆盖。微信端影响粉丝数超过500万；微博端影响粉丝数超过1,622万。媒介覆盖人群年龄均在18～35

岁，与康宝莱此次营销的目标客户相匹配。

在《"攻守大战"康宝莱微信世界杯移动应用》活动中，通过基于微信端的平台嵌入游戏开发，消费者在追求热点一笑而过的同时也可以参与其中，与康宝莱一起享受世界杯带来的乐趣。游戏最终的总参与人数达到5,330人，增加粉丝人数达到32,817人。

本次活动利用世界杯热点话题，为康宝莱引起了巨大的关注度，广告门、《中国广告》杂志，数英网等诸多媒体都对本次活动进行了报道。

三生黄金宝：重新认识互联网

三生的董事长黄金宝是直销公司第一个以自己名义开设微信公众平台的老板。而且黄金宝还自称"宝哥"，其账号的名字就叫"宝哥相对论"，单从这个名字就可以看出黄金宝对微信的了解还是蛮接地气的。

很多传统企业，包括不少直销企业的互联网焦虑症，怎么破？通过多年的触网，黄金宝已经形成自己独到的看法。

黄金宝认为，互联网和它所带来的改变，并不是近一两年才开始的。但是在过去，大多数人只把它当成一个新兴产业。市场新出来一块大蛋糕，要不要上去切一块，见仁见智。所以，曾经很长一段时间，传统企业要不要结合电子商务，一度成为讨论的热点。

最近这一两年,"要不要"的话题,变成了"怎么做"。这种变化折射出一种焦虑,也就是我们常常听说的:互联网时代,你不知道自己的竞争对手在哪里。一家超市最大的对手很可能不是对面的那家超市,而是天猫。

过去很多人认为互联网经济是一个独立的新兴产业,而现在,更多人发现它其实是一种生态,渗透到了各行各业。

人们清楚地意识到互联网正在重新定义很多行业,从前的优势,很可能在一夜之间不复存在。人们也从中看到了巨大的机会,但问题在于过去的经验在互联网时代好像不灵了,人们要怎么做?

黄金宝给出的答案是:重新认识互联网。黄金宝对于互联网的兴趣,并不是从这两年特别火的时候才开始的。早在2009年,他就对电子商务特别是移动电子商务的前景看好,并推出了电子商务网、地面服务网、消费联盟网互动结合的"三网合一"创新营销方式。不过那时候,黄金宝认识的互联网=电子商务。于是,2011年,三生成立了一家电子商务公司,推出了网上购物平台"有享网",用电子商务和原有的主业相互促进。

但是在2014年,三生同样经历了焦虑期。因为过往的经验,甚至运营电商平台的经验,都不足以应对互联网生态下商业环境的剧烈改变。

怎么办?必须重新认识互联网。黄金宝认为,**互联网思维的本质,在于以用户为中心,把事情做到极致。当企业不以自我为中心的时候,反而能成就更好的自我。想明白了这一点,就不会再焦虑。**

现在,三生的心态不是急于搭上互联网经济的快车,以弥补自己的短板,而是用互联网的优势结合自己的长处,让自己的优势更明显。用时下最流行的说法,这正是三生的"互联网+"行动计划:互联网+健康产业+直销。简单来说，就是把三生原本就擅长的社交营销互联网化，把用户的健康需求互联网化，把伙伴的创业需求互联网化，以用户为中心，把产品和服务做到极致。

革命、颠覆，这些都是互联网时代最喜欢用的词。但真正找到突破口的时候，你会发现并不是颠覆了以往的自己，而是互联网+自己的优势。

Chloe+Isabel：珠宝直销商的社交之旅

Cloe+Isabel是美国纽约一家销售珠宝首饰的网站，其将线下直销模式搬到了线上，公司在过去一年业绩增长了250%，产品和模式都获得了来自资本市场的认可。

这家成立于2011年初的珠宝直销公司Chloe+Isabel，虽然年轻，却备受资本市场的青睐。该公司于2014年6月获得了由软银资本领投的1500万美元C轮融资，目前4轮累计获投3250万美元。更令人惊讶的是，2011年在没有产品原型的情况下，创始人Chantel Waterbury女士仅用12张幻灯片就为公司募得325万美元的种子投资，投资者包括投资教父RonConway和SVAngel等大名鼎鼎的人物。

从人际网"直销"到"社交销售"

Chloe+Isabel究竟有何等魔力,以至于这么多大佬和投资公司竞折腰呢?

答案在于该公司所采取的极具创新力的商业模式:Chloe+Isabel将自己打造成一家基于互联网的珠宝直销公司,将社交媒体与传统人际关系直销模式有机结合,让每个客户都有机会升级为线上卖家(Chloe+Isabel的直销商被称为线上卖家,而不是常见的经销商或者顾问)。客户如果愿意代理其产品,可以在Chloe+Isabel的网站上注册账户,建立自己的零售店或者专卖店,用来销售Chloe+Isabel的珠宝首饰。Chloe+Isabel则负责设计制作各种精美珠宝首饰,并为这些卖家提供在线培训和技术工具,培训的内容包括流行趋势解读、对时尚的理解和把握、精准定位顾客的需求及各种营销手段等。而卖家则主要依靠社交网络进行产品推广、销售(当然也可以开展线下销售)。

产品定价从不到30美元到200美元左右，款式多样，Chloe+Isabel珠宝可谓物美价廉。同时对于卖家来说，公司的运营模式简单易懂。卖家可以从销售额中获得30%的收益，同时还可以通过组织自己的团队来增加收入，Chloe+Isabel的销售模式也为那些选择发展个人团队的卖家设计了从下线销售额中提成的收益体系。

这家成功的珠宝公司定义自己仅仅是"社交销售"，而非"直销"，在他们的内容及培训里没有用到传统的直销词汇。Chloe+Isabel运用科技手段帮助线上卖家建立社交网，侧重于传授他们如何在社交圈里"销售"。Chloe+Isabel因此形成了独有的以社交媒体与线上影响力为核心的营销体系。

以年轻女性为主要目标群体

成功女性、时尚达人、社会名媛及风尚带头人，这些女性群体就是激发创始人Waterbury女士放弃大企业稳定职业，开创个人直销珠宝公司Chloe+Isabel的灵感女神。当Waterbury最终准备开创自己的公司时，她已经浸淫在珠宝行业中整整15年，从各个层面对整个行业都了如指掌。在珠宝行业的丰富从业经验让Waterbury获得众多投资者的认可。

对于实际加入成员的年龄，公司虽然并没有限制，但在Waterbury的设想中，她是以18～29岁女性为主体创立公司的。而这一年龄层之所以最吸引

Waterbury 的原因就在于，直销工作正是她自己升入大学的敲门砖。升入大学前，Waterbury 用了整个夏天推销高级厨房刀具，在仅仅 3 个月的时间里，她就完成了 3 万美元的销售额，成为该公司的顶级销售员之一。

所以在 2008 年，当她看到美国的年轻女性面临自二次世界大战以来最严重的就业萧条时，商业嗅觉敏锐的 Waterbury 意识到这次萧条也许对她而言是个难得的商机，她有机会创造出一个融合直销和社交媒体的独特商业模式来吸引那些就业市场迷茫的年轻女性。

Waterbury 这样解释自己的理念："我并不是为那些现有从业女性提供一个可有可无的额外选择，而是决心为那些从未设想投身时尚业的人创造一个机会，为这些迷茫的人点燃一盏照亮前路的明灯。"

曾经吸引大批女性创业的是玫琳凯或者雅芳这类传统直销企业，卖化妆品和运作自己的生意确实能唤起相当部分的女性人群的兴奋，但在高科技日益渗透人们日常生活的今天，直销创业需要注入高科技和青春元素来升级以吸引年轻人群，而这些正是玫琳凯等品牌所缺乏的。并且玫琳凯的面对面拜访的销售模式很难引起社交媒体氛围成长的年轻一代的共鸣。

随着 Pinterest、Instagram 等社交网站的大行其道，越来越多的时尚达人开始考虑网上创业，这其中年轻女人无疑是网上时尚达人的主力；她们更有激情，充满个性，渴望独立并希望所从事的生意既能实现财务独立，也充满乐趣和愉悦。

Chloe+Isabel 的模式近乎完美地融合了传统人际关系直销的招募和社交媒体的传播优势，兼具高科技特性和时尚青春元素，在资本推手的配合下，上线即受到年轻女性的热烈追捧。

以品牌为核心

作为一家带有互联网和直销双重基因的珠宝公司，Waterbury强调公司所有工作的起源与核心都要围绕品牌进行。每一件单品都是由Chloe+Isabel公司的纽约工作室设计并生产，以确保公司的产品拥有独一无二的外观与品位。公司还承诺为客户提供终身更换服务，在主流时尚杂志保持了高频率的曝光，这也成为该公司脱颖而出的重要原因。

Waterbury向所有线上卖家明确传达了产品品牌的重要性。她坚信，对品牌的精心维护将赋予Chloe+Isabel更为长久的活力，也能帮助卖家吸引更多买家。当创建一家新店铺时，Chloe+Isabel的品牌特质必须被融入其中。线上卖家必须掌握如何展示珠宝产品，如何将代表公司品牌标志的树与蓝黄两色小鸟融入展示。简言之，如何在每张Chloe+Isabel珠宝的产品展示中加入公司品牌因素。

实际操作中，每名线上卖家都发挥自己的想象力，用自己的方式将企业品牌因素与产品展示融合——所有人都是自己装饰自己的网店。既满足了线上卖家的个性化装饰需求，也强化了公司品牌。

开发最合适的销售平台

为了实现对年轻女性直销者的吸引力，Waterbury认识到，她必须利用更时髦和高科技的销售渠道。也就是说，她需要一款强大的软件，可以为那些年轻精

明的女性们提供一个视觉精美，并能依靠自身影响力来推动销售的支持平台。

但在对比了几款类似的软件后，Waterbury均不满意。于是Waterbury立即着手吸引投资研发自己的软件平台。2011年8月，她从FirstRound资本公司与Floodgate基金公司获得了325万美元的种子创业基金，之后不久，她又从其他渠道筹款共计85万美元。她用这些资金雇佣工程师，增加软件平台对数字一代年轻人的吸引力。

在Chloe+Isabel每个卖家的个人网店上，顾客可以看到卖家个人的影子，比如她们个人最喜欢的时尚单品以及她们的最爱搭配。从而判断出对方究竟是一位Chloe小姐——充满个性，时刻走在潮流尖端的时尚女性，或者是一位Isabel小姐——崇尚珠宝品质，钟爱经典与永恒的优雅女性。

对比传统直销企业，Chloe+Isabel为直销商建立了一套独特的线上展业平台，其线上卖家平台有如下特色：

1. 高度个性化的在线产品

每个线上卖家都拥有自己独有的店铺首页和URL网址（包括PC端和移动端），可根据个人喜好定制Chloe+Isabel首饰系列。举例来说，线上卖家能够根据个人喜好为自己的产品系列命名，并自主选择系列中的单品。个人页面除了可以链接公司的官方网站，还可以与线上卖家的facebook页面与Pinterest画板实现链接。也就是说，如果一个朋友在你的Pinterest画板上看到一个喜欢的单品，只需要点击图片上的链接就可以直达电子销售页面，轻轻松松进行购买。

2. Instagram集成制

Instagram是全球最热门的图片分享APP，线上卖家可通过自己的

Instagram 账户销售和编辑自己的首饰产品。她们可以在展示产品的同时发布自己佩带这些产品的照片，用自己的搭配来吸引顾客。

3．全面数据分析共享

线上卖家们有权限获得个人销售业绩与全公司业绩的对比，使其获得如何通过更大平台提高销售额的经验，同时激励其向更高经营目标和职位提升努力。

4．流畅的销售平台

平台为线上卖家们提供流畅的订货和采购流程体验，使普通的线上卖家们能像为自己购物一样帮助顾客们采购，同时提供更好的顾客服务。Chloe+Isabel 的移动平台让购物者在聊天的同时可以分享愿望清单和预定珠宝。他们还可以通过社交网站例如 Facebook、Pinterest 和 Twitter 发送邮件邀请朋友加入这个平台，潜在增加了营销活动的范围。

5．社交媒体数据分析

线上卖家们可获得自己在社交媒体中分享有效性的数据分析。线上卖家可以直观看到每张图片的点击数，以及其分享在社交媒体上的每样产品的销售额。通过这些信息，即使是初学者也能很快了解整个收入流的实现原理。

以上使得 Chloe+Isabel 完全打破了传统的人际网销售（面对面）的直销模式，变成一家适应互联网时代的全方位渠道公司。

独特的直销商加盟机制

Chloe+Isabel 有别于传统直销公司的另一个重要方面在于，对于每个直销商公司都下了大功夫。首先，加盟者需要通过面试以确保每个人都适合这个职位。在概念测试阶段，所有加盟申请中只有约 15%的竞投者会被选中，公司尤其青睐刚刚走出校门又渴望有自己独立事业的年轻女性。其次是考虑市场保护，由公司为每个直销商选择一个销售区域，Chloe+Isabel 不想让市场过度饱和，不想让卖家相互竞争。新加入的人需要接受公司严格培训，并且每个人都会被分配到一名导师，导师会给他们精神支持，回答他们的问题，还会帮助新人与其他志同道合的人或者群体相联系，导师都是被提拔起来的经验丰富的卖家。并且每名 Chloe+Isabel 卖家都必须选择一种针对性的消费群体：时尚达人，社交名媛，成功人士或风尚带头人。这四种风格类型截然不同，所以公司提供了完全不同的培训。Waterbury 介绍，"每位线上卖家都希望自己的店铺与众不同，所以我们为其提供定制化培训体验。"

通过培训，能确保直销商认真思考这个机会是什么，为什么要选择Chloe+Isabel，他们的目标是什么以及为什么他们会成功。

目前，Chloe+Isabel 已经拥有 5000 名线上卖家，加盟申请的数量正在以惊人的速度增加。从概念测试阶段起，她们对每一个申请人都进行了面试。Waterbury 将线上卖家视为品牌延伸。公司管理层们与每位线上卖家都保持密切的联系与合作，确保公司以良性标准方向发展。可以说 Chloe+Isabel 走的是一条前人从未走过的道路，市场上没有任何与之类似的竞争对手。

并且，Chloe+Isabel 不像其他直销企业，既不收取年费，也不要求购买任何额外产品。卖家只需要一次性付费175美元购买包含18件珠宝的入门套件就能开始珠宝销售业务。

另外，Chloe+Isabel重视人才发展，为那些有能力的女性提供独立生活，教育充电，为未来发展奠定基础的机会。所以Chloe+Isabel的直销人员才被称为"卖家"——而非常见的经销商或业务员。Chloe+Isabel的重点则是教她们学习如何卖珠宝和运行自己的业务，如何成为社交媒体专家。

这样做的结果呢？公司的收入从成立至今每个季度都在增长，并在今年6月成功吸引到孙正义的软银资本高额投资。

直销的进化

直销行业发展的外部环境正在发生巨大变化，特别是互联网及电子商务的迅猛发展，正在改变商业流通的结构，越来越多的消费者正在被吸引到网络上。

80后、90后逐渐成为互联网市场消费的主力、创业的主力，他们天然带有互联网行为和思维方式，其消费需求决定着行业未来的发展方向。直销行业又该如何应对互联网的冲击？

Chloe+Isabel通过创新技术平台，支持年轻卖家借助社交网络来开展自己的直销事业，突破了传统直销模式所面临的困境，在互联网上获得了高速成长。Chloe+Isabel模式的成功，倒是能给中国直销业者提

供一些借鉴和启发。

首先社交媒体是如今我们沟通方式中不可或缺的一部分，直销行业需要跟上时代的步伐，这意味着要为直销人员提供在线营销支持、技术创新、持续教育培训，这样他们才能成功。事实上，高科技丝毫没有阻碍直销者，它在各方面都改善了直销，因此这确保了这个商业模型在未来的生存及持续发展。

其次，以金字塔式薪酬结构为核心的传统直销方式在电子商务冲击下弊病日显，只看重短期利益，不是把自己的销售建立在给消费者提供的利益上，而是把重心放在给直销商的投资机会上，对直销商不做挑选，无限忽悠下线，使得直销变成了一个巨大的招募游戏。Chloe+Isabel独特的加盟制度和营销模式实际上是回归到直销的本质，有所为有所不为，反而能够借助互联网的发展获得业务的极大提升。

另外，在应对互联网挑战建构直销新模式时，直销企业也获得了一次提升自身商业形象的良机。直销企业作为商业社会一个细分行业，又属于特殊的种类，使得其在发展过程中形成了直销化标签，被一些人打上坏商业标签，为公众所误解。传统直销模式在向互联网和社交网络进化过程中，完全可以淡化直销属性，用新的词条重新定义自己，就像Chloe+Isabel定义自己为"社交销售"，而非"直销"，走"去直销化"道路，以避免被妖魔化，打造自己的全新商业形象，彻底改变了人们看待直销的方式，也获得了主流投资界的认可。

总之，互联网和移动化趋势正在逐渐改造一个个传统产业，直销行业亦不例外，唯有拥抱变化，与互联网实现深度融合才有更加广阔的发展空间。

抓住年轻一代

安利:"年轻化战略"激发活力,引领未来

2014年5月底,亚洲最大的邮轮——海洋水手号满载安利营销人员正式从上海起航,开启了"2014年安利营销精英海外进修研讨会"的序幕。这艘邮轮被命名为"青英号",一次搭载了超过3000名安利营销人员及家属,他们年龄全部在35岁以下。特意为年轻人安排专属的旅程,这在安利公司乃至整个业界还是第一次。在年轻化战略上,安利高瞻远瞩,在"青英

号"旅程中,安利精心安排了诸如"青英盛典"、"文化大讲堂"等极具时尚元素的各项环节,并邀请尹恩惠、Rain、萧敬腾等人气巨星出场助兴,激发年轻人的活力和梦想。

在安利,年轻化战略被称为"引领未来战略",它已经是安利全球的战略共识。其实,这个战略最初也是由安利大中华市场启动,在取得了成功的经验后,被总部接受,进而推广到全球市场的,这也是安利大中华为安利全球战略创新所做的重要贡献之一。安利的年轻化战略和其他的企业有一定的区别。安利的年轻化,不是产品年轻化,而更聚焦于营销队伍的健康与活力。**注重培养年轻的安利营销伙伴,形成合理的营销人员队伍结构,为未来储备力量,这是安利公司实现持续发展的重要保障。**

安利青英荟(AYE)就是"引领未来战略"下给安利年轻营销人员打造的一个专属平台。在青英荟,为年轻人量身定制各种支持,有培训、有表彰、有主题活动,很受年轻人欢迎,"青英号"邮轮之旅就是其中亮点之一。安利的目的,是让年轻人可以在安利找到归属感,获得他们喜爱的生活方式,并且在这里实现他们的个人价值。

VM:年轻人的革命

于20世纪80年代至21世纪初期间出生的年轻一代人数超过8亿。人们通常称他们为千禧一代、Y一代、甚至有时称为下一代。不管你怎样称呼他们,所有的直销公司都倾向于吸纳他们成为旗下的一员。仍旧处于成长阶段的VM营养品有限责任公司也不例外。这群千禧一代改变了公司。

即使在全球经济不景气时，VM 依旧保持稳健发展。VM 营养品有限责任公司创立于 2004 年 11 月。它的生产线扩大至美国三大消费细分市场，具体来说就是：270 亿美元的膳食营养品行业，600 亿美元的瘦身市场，120 亿美元的活力饮品市场。这三个市场都很强劲，也可以作为独立的业务链。

当年轻人发现公司的营养活力饮品——VW 后，VM 业绩便直冲云霄。随着越来越多的优秀毕业生开创自己的 VM 业务，VM 这个年轻的企业也开始迎来属于自己的新天地。

VM 在全世界 50 多个国家和地区开展业务。仅 VW 系列产品就占据公司首批订单的一半。2012 年，公司所有产品的销售额均增长 30%。美国本土市场的增长速度最快。最令人咋舌的是，新产品推出后人员增加了 85%。VMYPR（年轻人的革命）的宣传功不可没。

自从年轻人开始选择 VM 后，公司本身则是不断更新品牌，运用更加简便、有效的业务装备，研发更具有吸引力的产品来吸纳更多成员。

27 岁的高级经销商 B·L 和 21 岁的 A·L 一起发起了 YPR（年轻人革命）活动。他们吸纳了很多属于千禧一代的领导层。YPR（年轻人革命）使得 VW 一跃成为公司的畅销产品，并成为整个公司发展的历史性转折点。

他们的管理方式有条不紊地渗透于公司上下。他

们不再是一周一开会，几乎是每天都开，并且不是一天一次。有时一天召集三、四次会议。他们的口头禅是会议越多，挣钱越多。不仅如此，他们还改变了召开网络营销会议的方式。会议也就 15 到 20 分钟。地点随时随地，可能在宿舍，餐厅，还有可能在大街上。他们不断磨炼自己的技能，让自己有能力在尽可能短的时间里表达自己的想法。他们才是真正的管理者。

VM 移动业务 APP——VMBod•ē APP 是免费的、备受赞誉的应用系统。虽然所有的合伙人都可以使用移动业务 APP。但却是 YPR 们的需求造就了 APP 的产生。因为他们的业务才是 VW 的核心。

通过 APP 业务系统，他们能够翻遍电话联系人和 Facebook 好友圈。点击几下后，他们开始发送视频文章，YPR 的一个管理层简要地向潜在客户们介绍 VW 理念。看完视频后，回执会自动反馈给他们。然后这个经销商就会将这个潜在消费者添加到常用联系人列表。APP 系统将手机变成了一个可携带的办公室。此外，YPR 们还可以招募新成员，时刻关注他们的排名，还可以了解他们的团队销售成果。

最重要的一点，YPR 们还可以观察本月还需要组织哪些活动来不断完善自我。品牌合伙人还能够通过 APP 系统传发样品。消费者或者潜在消费者最后同意后，库房中心就会把产品寄出。目前 APP 系统有 9 种语

言，数以千计的人都在使用。

对直销行业而言最大的挑战是，从一个新人的加入到他们开始真正联系潜在客户这段时间。VM 的 APP 系统很轻松地解决了这个难题。年轻人下载 APP 之后，20 到 30 分钟就可以发出 50 篇文章。iPhone 和安卓系统都可以下载免费的 VMBod•ē APP 系统。并且这个系统也是消费者聚集的地方。AAP 给使用者传送主题催函，建议食谱，以及由公司老板直接发出的 84 个日常的视频剪辑，从中使用者们受益匪浅。12 周，每天都会发送视频剪辑。这个时间段正是 VMBod•ē 的过渡计划。而且，App 系统还有 6 个日常的"强制"提醒信息。不断勉励使用者实现瘦身目标。

App 系统给 VM 所有的品牌合伙人极大的鼓励。不断推出新的 VW 产品，VMBod•ē 每天都赢得更多的关注，6 月份的销售额超过 500 万美元。

收入破百万美金的 90 后直销商

曾经，如果一家直销公司的年轻人越来越多，会被视为一个危险的信号：因为年轻人既无资本，又无人脉，并不是直销的主力军。然而互联网，尤其是社交网站和移动商务的兴起改变了这一切：**在全球级别的社交平台上，年轻人如鱼得水，他们通过发布信息，构建关系链，频繁互动，迅速构建起庞大的生意网络。**

24岁的Y是VM最年轻的皇家大使,这个职位是VM公司薪酬方案中的最高级别。

Y住在美国亚利桑那州坦培市,他的团队有15000多名成员,遍布25个国家。他在Facebook上有44,500多粉丝,在Instagram(一款图片分享应用)有超过12,000的追随者,在twitter(推特,一个社交网络和一个微博服务)受到8,500多人的追捧。

他每月的收入超过70,000美元,他的最高月收入曾经突破100,000美元。截至2014年3月他在VM的职业总收益达到100万美元大关。

当Y被引荐给VM时,他还是一名全日制学生,同时从事着房地产方面的工作。

尽管他在房地产方面做得非常好,他还是对VM给他的这次机会很感兴趣,因为VM的产品,特别是Verve(VM的能量饮料),能让他和他身边的人产生共鸣。

直销人的微营销实战经验分享

欧阳是一位直销领导人，在进入直销之前，已有多年从事互联网（移动互联网）营销创业推广，品牌建设研究的经验。随着智能手机和移动互联网的普及，欧阳敏锐地意识到其中的巨大商机：中国高达8亿的移动互联网用户，但目前通过移动互联网创业的人数不过千万，而这其中的直销人比例更是极少。因此如果能够在直销这个细分市场抓住移动互联网的先机，无疑将有机会创造超越传统直销模式的财富。

欧阳思考的核心，集中在直销人如何通过移动互联网这一现代工具，把平时用于聊天的方式转变成今天用于创富的模式。**通过移动互联网帮助直销人实现直销商→网商→微商的身份转变，以及专卖店→网店→微店的运作模式转型，就可以轻松自在，无拘无束地在家创业。**

欧阳认为，移动互联网目前最普及的、受众面最广的微营销方法包括：QQ，微信，微博，微视频。这里仅以人人都离不开的微信为例，结合平时实战操作经验，总结利用微信实现在家创业的方法。

第一步，给自己起个实用的、有效的、有价值的微信名字。

例如，你正在 XX 公司工作，那么你的微信网名可以用如下格式起名：

① XX 公司 XX（真实姓名）招代理；

② XX 移动商学院 XX（真实姓名）；

③ XX 系统 XX 团队负责人 XX（真实姓名）；

④ XX 公司 XX 爱心基金会成员 XX（真实姓名）。

第二步，如何加人脉。

人脉等于钱脉，谁的人脉资源量越大，谁在家创业成功的机会就越快，越大！没有人天生就有用不完的人脉，每个成功者的人脉都是靠平时一点点累积起来的，量大是致富的关键！

要点：

（1）坚持不断，养成良好的添加人脉习惯，主动通过各种途径认识新朋友，例如：直销界、保险界、培训界的人士；有投资，有创业意识的，有上进心，不满现状，有梦想，有企图心，有野心，想改变现状的积极人士。

（2）你也可购买更加精准，能自动添加好友的软件，为你在家创业提供大量人脉，如虎添翼。

第三步，如何运作微信群。

人是环境的产物，一对一沟通，不如集体借力沟通更有效，微信群是个很有效的沟通工具。创业时，你应该建以下群（一个群最多可容 500 人）：

（1）会员鼓励群；

（2）娱乐招商培训群；

（3）会务组讨论群；

（4）领导人交流群。

第四步，如何用微信推广事业。

（1）用逆向思维在他人群里认识人脉。通过先发话题→吸引眼球→引起关注→再私交朋友→再聊人生→梦想→事业→收获等环节，可寻找志同道合之人合作。

（2）群发广告邀人参加娱乐会。方法：先编好一条吸引眼球、打动人心的广告短信，打开你的微信设置→点击通用→点击功能→点击群发助手→点击开始群发→点击新建群发，之后在你的通讯录选中联系人，一次可选 200 人，然后再将你预先写好广告复制，粘贴，发送！200 人马上收到你的邀请广告。此方法省时，省力，省成本，量大，坚持经常群发即会收到可喜的效果！如你通讯录联系人多于 200 人，你可用同样的方法发第二、第三次，第 N 次。以后再群发时就省力省时了，因微信有重复记忆功能，原来发过人群，一直保留在记录中，此时你只要复制，粘贴即可群发。

（3）微信朋友圈的应用。你要每天将你和团队学习、活动、娱乐、会议的照片以及自己攒写的各种心得和感受上传，链接至你自己的朋友圈中，只要你一上传，在你通讯录中所有的朋友将无条件收看你的各种成长动态，久而久之，你的改变和你的成长会感化很多朋友主动关注你，加盟你。与此同时，当你朋友有新内容上传至朋友圈时，你要及时点赞或评论，此动作也会引起对方共鸣。只要你做个有心人，每时每刻都有机会让别人感动，成功就会找到你！

（4）学会收藏保存有用的各种介绍公司及事业的文字、图片、链接，当有朋友了解时可马上复制或转发给对方，这是个提高工作效率们的必学方法。

（5）学会微视频推广，我们一直在说：听到的不如看到的，看到的不如现场感觉到的。你要养成自拍微视频的习惯，把各种招商、培训、表彰、娱乐、旅游、聚餐、聚会等活动拍成微视频，及时传至你的群里和你的朋友圈中，让所有的网友微友能第一时间感知你的喜阅。财富等于讯息的传递，情绪的转移，能量的转变！你一切的付出，都会感召一批人，坚持就是胜利！

（6）公众平台的推广。这是一个建立自我品牌，锁定忠实顾客群的文化基地。你可以自己申请建立一个团队微信公众平台，每天把团队成长中发生的点点滴滴故事告知所有关注这个众平台的朋友们。有这样一句话：当你讲别人的故事时，别人成功了！当别人讲你的故事时，你成功了！我们要尽快成为一个有品牌故事的人，那我们在家创业事业就能大获成功。公众平台还有一个重要作用，那就是学习资料的传递工具。把这个工具用活了，那团队复制、业绩倍增就快了。

（7）微名片的推广。每个在家创业者都应该拥有一张属于自己的微名片，其功能十分强大。有了微名片，我们就好像拥有了一个插上翅膀的微网站，这是我们创造自动化营销系统的必备工具。如果我们让所有的合作伙伴都拥有自己的微名片，而且大家坚持推广，让所有网友、微友都拥有自己的微名片，那么每天24小时随时随刻都有很多人和很多微名片同时在为我们工作，为我们赚钱！这就是移动互联网在家创业的威力所在。

（8）微网店的推广。现在微商和微店就是最好的O2O商业模式。我们要花时间把公司所有的产品资料（图片、介绍、说明、价格、用法、功效等）都上传至微网店，并不断更新微店资料。这是新的一波造就财富的商业模式，这也是新的一波移动互联网电商在家创业的运作模式。谁抓住了不放手，谁就是大赢家了！

第五步，如何借力成交。

用移动互联网在家创业，一定要学会借力，借势，借智，才能四两拨千斤，以小博大！ 最好的方法是：加盟一个已经成功的、可以被复制的系统（商学院），只有这样，我们才会更准确地，更有效地通过推崇→网上招商→网上培训→网上家庭聚会→网上文艺娱乐→网上运作→网上复制→网上品牌建设等环节把事业拓展到全国各地市场。真正让我们喝着咖啡，穿着睡衣在家创业。借力，使力，不费力！用最少的运作成本，成就最大的事业。

2015年微商发展的八大趋势解析

微商2015年会迎来哪些变革？媒体特约撰稿人褚伟认为2015年的微商可能有以下八大趋势：

1. 团队规模化

微商最开始立足于个人，起于朋友圈，而又乱于朋友圈。随着加入的人越来越多，产品同质化日益严重，这种个体的微商一批批被淹没，取而代之的是巨额广告的砸入和大规模团队的兴起。俏十岁、韩束、思埠等品牌的一夜崛起打破了个人微商的创业梦，团队化和集团式的作战方式让微商的竞争日趋激烈，从C2C端走向B2C的商家越来越多，他们或"退而结网"，或相互抱团。

在规模化的背后也可能是一种陷阱。零点研究咨询集团董事长袁岳认为，目前绝大多数微商并没有逃出阿里巴巴时代的交易模式，现在的微商玩家大多数是"有微店，无微品"，仍然没有互联网化的产品出现，大部分微商"不会有什么出息"。**但在未来，"人人都是微商"，微店会成为大多数个人的基本配置。**这无疑是在传递温暖的同时又给微商泼了一瓢冷水。

2. 用户社群化

微商是基于移动社交而产生的一种信任经济。这种社群化是建立在相同的兴趣爱好和情感共鸣之上，它不像逻辑思维那样拥有数百万的用户基础，也不会有那么高的影响力和号召力，它更多的是充当品牌代言人的角色，商家与商家、商家与用户之间的资源置换和口碑传播。这种"小而美"的社群从某种意义来说既可以是流量入口，又可成为一种新的变现方式，如：私信求转发，红包求转发等。

社交电商离不开社群，但社群的固化和中心化让商品在拓展上变得很狭窄，如何发动社群和利用社群产生裂变式传播成为微商社群化的最大问题。

3. 渠道的立体化

随着微商逐渐向专业化方向发展，渠道结构将会呈现立体化。厂商、批发商、零售商、代理商、消费者有机结合起来，构成一个有机的网络系统。通过建立渠道"面"的网络化与系统化，提高渠道网络的效率，最终实现渠道主体子系统及渠道客体主系统的优化。渠道立体化可以将原来朋友圈那种层层代理、层层压货的现状扭转过来，代理商、经销商等不需要囤货和压货，通过社交媒体分销就可在线交易。

虽然微信创始人、腾讯高级副总裁张小龙多次提到微信的去中心化和去中介化，但是对于传统零售行业来讲，中介化和信息不透明化才能赚取差价，微商不可能做到全面去中介化，只是在管理和流程上做到最简化。

4. 技术的规范化

技术规范化即通过技术手段来帮助商家和分销商来规范和调整因渠道繁杂而带来的整个交易流程。目前简单粗暴的朋友圈卖货已不适合微商的发展，微商想要借助技术来规范和满足其发展需求，社会化分销平台就成为微商舞台。比如微盟就通过 SDP 平台将分销商散乱、渠道管理失控、市场混乱、内部价格战、分销商窜货等问题予以系统化、平台化及流程化。另有口袋购物等也已上线分销平台。

技术的规范可能会规避微商平台的乱象，但是开发成本和营销推广的成本太高，这对于 C2C 的微商来说是个不小的门槛，他们不得不依附平台或第三方来发展，如果监管失控，当初淘宝的假冒伪劣现象会重蹈覆辙。

5. 产品多元化

产品多元化将是微商区别于淘宝电商的一个很大特性。这种多元化主要体现在"小而美"的产品会逐渐崛起，带有独特风格和差异化的产品会越来越受欢迎。

虽然现在很多大咖、意见领袖都在不断重复一个词：产品人格化。但是真正做到人格化的除了少数的几个自媒体之外，恐怕很少有人能做到。多元化的产品一定要有行业领袖或大 V 去挖掘，引导。对于自己不了解的产品或不认同的产品没有哪个大 V 愿意用自己的人格去背书。产品多元化的背后其实是用户的分散化，达人、买手将会越来越值钱。

6. 营销媒体化

社交电商的本质是信任交易。微商并没有改变传统电商的交易本质，商品还是原来的商品，只是营销手段和展现方式改变了。以前是直接买卖关系，先有需求后购买，交易完成后基本很难做到用户沉淀了。而微商发展的是先有认知再购买，对人对商品的要求会更加严格，而且只要经营得好，基本上是可以做到用户沉淀的。微商对营销和传播的要求非常高，无论是发动社群的力量还是粉丝的力量，前提是产品必须具备足够的亮点吸引人，这些亮点包括故事、情怀、归属感、信任度、溢价等。微商媒体化是最节约成本的营销方式。

用媒体人的思维去做微商这不愧为一种精明的营销方式，媒体电商或许才是简单的变现模式。微信本身就是一个产生内容的平台，只是能够玩转这种方式的机构或自媒体有多少呢？

7. 运作资本化

目前微商已达到1000多万，而这些微商多以个体散户为主，还没有形成规模效应，自称月销过亿的，其中百分之八十是卖面膜的。如此混战的局面如果不加以规范和整顿势必会做空、做乱这个市场。越来越多的资本已经注入微商领域，在2015年这种趋势会更加激烈。

风口上的微商有的说是千亿商机，有的说是膨胀

的泡沫。不管是什么，新事物总是伴随着马云说过的一句话："看不见、看不清、看不懂、来不及。"有人愿意去尝试这未免不是好事。

8. 政策的柔性化

在微商政策制定层面，笔者认为国家和微信团队还是会表现出比较柔性的一面，毕竟微商是一种新型的商业体，微信的朋友圈活跃用户很大一部分群体来源于这些微商，而根据中国信息经济学会发布的《微信社会经济影响力研究报告》称，微信带动的就业数量已达到1007万人，所以笔者有理由相信微商会迎来大发展。

另外，微信已着手上线朋友圈广告，这对微信商业化来说是一个里程碑，同时也证明了微信官方非常看好微商，暴力刷屏的日子可能一去不复返，柔性的政策能给微商带来大繁荣吗？或许每一个人都会问，答案是也许会，也许不会。

不过，2015年的微商不再是当你打开朋友圈它就会蹦出一条赤裸裸的广告，也不是买了假商品又不知道找谁维权，而是完善的交易和可持续发展的平台。

微信是腾讯战胜阿里的最后一张王牌，而微商是其中最重要的一环。如果微商不从卖货思维转向媒体思维，微信做的事无疑等同于在移动端建立另一个淘宝，用淘宝的思维抵抗淘宝最后必将走向失败。

2015年，微商将全面登场！

CAIFU DILIUBO
ZAIJIA WEICHUANGYE
财富第六波
在家微创业

| 第 6 章 |

微创业常用的营销工具与操作技巧

微信的商业价值

微信自推出以来，深受个人及企业的青睐，尤其是微信以二维码为入口进军O2O，推出"扫一扫会员卡"功能之后，越来越多的企业加入到微信的阵营中来，因为这让企业通过微信会员卡打通线下商家与线上用户的联系，从而更好地获利。

微信创始人、腾讯公司副总裁张小龙说："我们都认为微信最终会跟线下的生活结合得非常紧密。比如说，我走到这里，可能想到附近租一个房子，或者到附近找一个好的餐馆吃饭，这样的需求可能现在的移动终端应用还没有解决得特别好，这是我们下一步想要去尝试的。"那么微信到底有哪些商业价值呢？

1. 微信号：你的身份标志

在互联网时代，ID是我们最重要的标志，从某种意义上讲，它是我们的身份标志。我们利用它来记录我们的行为，商业机构利用它来找到我们。以前 ID 是通信地址、E-mail 地址，之后最重要的就是手机号了。在移动互联网时代，ID 还包括微信号，而且微信账号让 ID 有了人性，就是你知道他是哪里的人，是男是女，甚至更详细的情况。未来微信还会进一步丰富个人信息。商家由此就有可能建立用户数据库。

2. 微信公众账号：销售渠道多元化

微信公众平台是腾讯公司在微信基础平台上新增的功能模块，通过这一平台，每一个人都可以用一个 QQ 号码，打造自己的一个微信的公众号，并在微信平台上实现和特定群体的文字、图片、语音的全方位沟通、互动。

功能定位：有群发推送、自动回复、一对一交流等功能。

通过微信公众账号，商家不仅解决了用户在互联网上的数字身份问题，又丰富了以往狭隘的传播模式，商家的销售渠道由此更加多元化。

3. 自由度：迅速与好友互动

微信为信息的流动提供了最大程度的自由度，我们可以通过发送给好友、分享到朋友圈以及群聊的方式迅速而方便地与好友进行联络。这为信息流、现金流的流动创造了条件。

4. 定位：专属你的交易记录

私人微信号可以用来定位个人，公众账号则用

来定位商家，记录个人和商家间的交易记录，这可以形成一种"消费云"。微信为个人提供消费信息的管理、积分服务等，从另一个角度来说能够为企业累积人气提供交易数据、客户数据以及提供 CRM（客户关系管理）服务。

5. 形成闭环 O2O：线上线下融合

微信中的 O2O 应用，最典型的是二维码扫描，用户可通过扫描二维码获取商家的虚拟二维码，最后和支付打通形成闭环，从而获得收入。在微信中，O2O 应用常用的方式是整合会员卡、优惠券功能，而预订、客服等功能则会成为微信 O2O 无法被模仿的核心功能。通过微信这一渠道，营销者能与用户直接对话。一直以来，几乎所有的营销者都在强调和用户互动，了解用户的真实需求，微信无疑是实现这一目的的最好平台。

6. 打造一个轻量版的 App Store

各种类型的公众账号和轻量级应用通过微信都可以进行推送和服务，而不需要从 App Store 下载应用。微信向营销者提供了更多的技术可能性。微信未来会成为一个开放平台，营销者可以开发有独特功能的插件，这在营销技术上是一场革命。

由此可以预见到微信的巨大商业潜力，如果用一句话总结微信最重要的价值，那就是它让精准营销变成了可能。

在微信平台上创业

微信上的创业机会

腾讯公司高级副总裁张小龙表示,"微信可以为整个业界提供一个很好的通信开放平台,让所有的第三方都能够把他们有价值的应用通过这个平台来接触到更多的用户。"随着"摇一摇"、"查找附近的人"等功能获得巨大成功,腾讯在O2O方面的布局正以"二维码+账号体系+LBS+支付+关系链"构成路径,形成一种闭环的商业生态模式。除了完善微信自身功能,腾讯还积极与U联生活、通卡等公司合作,一方面打通优惠券与支付系统,一方面全面整合微信的CRM(客户关系管理）系统，以增强其O2O方面的实力。

此外，微信正在和一批合作伙伴测试公众平台的自定义接口功能，这个接口可以让第三方公司的CRM系统自主接入。使用公众账号的商家将能通过这个接口为用户提供更个性化的服务。在这个接口的基础上，商家通过微信为用户提供服务的创新应用也不断涌现，比如微信订酒店、订外卖、查路况、查信用卡、在美肤汇购物、微团购等。

在不远的将来，商户还可以通过微信自由接入、自主管理用户体系，即微信将成为一个商户自助管理的开放平台。商家原有的CRM系统都可以对接到微信会员卡系统中，从而优化其CRM系统，让原有CRM也具备拉新和营销能力。在实物电商方面，微信已经联合美肤汇进行了不少的支付尝试。腾讯微信会员卡负责人耿志军称："实物电商进到移动互联网时代应该是什么样子？我们觉得至少不是PC互联网时代的样子，至少更轻一点，更便捷一点。我们先做生活电商，实物电商接下来也会加速做。"

总体来讲，微信的商业化也有机会带来更多种可能性，尤其是对数字出版方、优质自媒体、游戏开发商、企业、营销公司等第三方而言。

微信平台上的创业优势

2012年8月，微信公众平台服务悄然上线，其他互联网产品可以通过微信提供的开放接口来导入和输出内容，微信借此开始了从通信工具到社交平台的转变。而公众账号的推出，则让个人和中小团队创业者看到了新方向。那么，在微信平台上创业有哪些优势呢？

1. "对话"模式更直接

在信息社会，互联网行业的所有产品研发都围绕着信息的买卖在进行，我们在较长一段时间里都以查找为主的方式搜寻想要的信息。但是现在这种局面正在被改变。在国内，这主要体现在微信平台上，那就是由"查找"的方式，逐步转变为"对话"方式。

"对话"模式能引发直接交流，能更好地满足服务需求者日益高涨的"个性化"需求。 在需要与用户进行直接对话的行业，将微信作为与客户沟通的渠道，能随时获得客户的反馈和想法，进而有针对性地为客户提供产品或服务。

2. 市场需求契合微信的特点

许多创业者选择入驻微信平台，推出微信服务账号，除了业务拓展的需要以外，也考虑到市场需求和微信本身特点的高契合度。

以餐饮类服务项目为例，外卖服务的用户群体主要是白领和工薪阶层。目前，这类用户多数还是通过电话而非网上订餐。微信原本就是一个基于手机的通信工具，很好地覆盖了这群用户。可以说，用微信订餐符合这类用户的使用习惯。

3. 低门槛

只要有一个QQ号、电子邮箱或手机号，无须任何其他条件就可以注册微信账号。不懂技术没关系，你只需要会打字，只需要懂得怎么用电脑操作公众平台

就可以了。其实公众平台不一定非得要路况、团购这类微信账号，小众咨询类也一样受欢迎。比如律师可以建立一个法律咨询的公众账号，每天只要抽空使用电脑回复相关咨询就可以了。**只要有一技之长，任何人都可以建立一个属于自己的公众账号。**

4. 高收入

这些低门槛的创业背后，蕴含着很多创业机会及可观的收入。不少人因为看到了微博营销号的赚钱之路，因而涌进了微信，大量创建微信营销号，也希望微信能像微博那样赚钱。比如创建个十几万粉丝的微信账号，就可以开始接一些广告单子了，获得收入。除了营销号之外，那些微信大号也在努力赚钱，比如微信上搞团购的，卖电影票的，卖化妆品的，搞电商的。

微信平台上的这些创业优势让每个人都看到了公众账号的希望，当然最重要的是要有好的想法，好的创意。切不可因为看到别人成功，就盲目模仿。殊不知成功的公众账号是模仿不了的，只有不同凡响的另类创意，才有可能得到更多用户的喜爱。

微信公众账号运营及推广策略

在微信公众平台上，无论媒体、商家、个体，无论大小品牌，都拥有平等的表达机会，优质的内容将保证品牌的健康持续运营。

微信公众账号运营的六大模式

模式一：订阅的模式——高质量的资讯需求

微信上的信息以订阅模式呈现，就意味着它的资讯与微博不一样。"订阅"这个动作，意味着用户希望在这里获得比自己更专业、更全面的视角、观点，原始事实要经过整合再输出。微博上的资讯是争取共鸣、披露真实，而微信上是给人以观点、想法。这就是微信的内容价值。

模式二：推送的模式——让用户量更有价值

推送模式，让微信公众账号的订阅用户更具价值。微信的内容形式有文字、语音、带链接的图文信息，还有"第三方应用消息"。把自己账户的用户量做起来了，推活动、推网站、推内容、推APP都非常有效，毕竟是强制推送的。

此外，我们还可以从推送模式中看到"广告价值"。不像微博，广告发布后，客户还要看转发量、评论量，微信的强制推送，到达率接近100%（除了由于手机微信版本问题而无法接收外）。微信上的广告信息价格，可以以头条和非头条（微信多条图文信息的版式）来划分。

模式三：语音信息的载体——电台的互动模式

语音信息，是微信上特强大的一个信息呈现功能。虽然声音信息简化了短时沟通的方式，随便拿起手机就能说一两句，但这似乎更适用于非常日常的对话。

而对于未认证的公众账号，每天的群发消息仅有一条，如果要发布语音消息的话，一定是20秒以上的，而且信息量很大，用词不一定口语化，人"听"的理解能力远低于"看"的理解能力，因此声音的阅读难度远高于文字图片。

语音消息很适合用来做互动，就如电台模式，亲切直接，一问多答。另外，微信的语音功能，对于电台媒体来说，是一个精彩片段重温的绝好平台。

模式四：二维码——既公开又私密

二维码的价值在于线下与线上联动，扫一扫线下宣传资料上的二维码，就关注了线上的微信账号。活动只办一次，积累的人气可以通过微信实现延续。实用上跟微博的功能有相似之处，但二维码是一种既隐秘又公开的信息传递，而且在资料上占地面积大，能激发人们的好奇而去关注。这其实是为许多传统商家实现线上营销线下销售提供了绝佳的机会。依笔者来看，一些本地化的影院就非常适合通过微信推送最新的影片信息和折扣信息，以及提供在线客服，从而实现与每一个订阅用户的亲密互动，创造销售机会。

模式五：自动回复设置——创意施展的空间

以"领秀职场"（人力资源圈某个大佬开的）这个微信为例，在自动回复上花了一番心思，增加了不少趣味。

模式六：CRM 工具

与微博不同，微信是一种非常强大的 CRM 工具。以前我们的 CRM 工具以 email、短信、人工 callcenter 为主，而现在则增加了微信。从某种意义上来说，微信甚至可以把前三种工具都替代掉。微信的富媒体属性，可以让它变身成为 email、短信、callcenter 的任何一种形态。你可以发一条纯文字信息给用户，也可以发一篇带有照片和链接的文章给用户，当然你也可以直接发语音和视频，所有都取决于你的需要。除了"发送"以外，你还可以随时得到用户的反馈。

品牌还可以利用微信进行客服，这在以前多数是通过 callcenter 来完成的，那真是噩梦一样的体验，首先用户要祈祷自己的电话能打得进去，其次要忍受很长一段时间的自动回复（类似"国内机票请按 1，国际机票请按 2"），然后还要忍受一些说不清楚话的接线员。而利用微信，一切会很方便，你不用等待什么，直接发文字或者语音给品牌的官方微信，用摄像头把发票、保修单、破损的商品拍照下来，发送过去，然后等着官方微信的回复就 ok 了。

微信公众平台还具备了对用户进行分组的功能，你完全可以对订阅用户进行分组，这与 CRM 工具对客户的分类整理功能也是相似的。

微信与微博的区别

呈现方式：微博信息流是按时间排序；微信的信

息严格控制数量，与朋友账号的信息一起呈现。

激励机制：微博主要推大V；微信则人人平等，必须靠内容取胜。

微信规定每个账号每天只能发一次信息。这直接从源头掐断微信公众账号多发信息抢头版的压力和可能。每个账号必须精挑细选，确保最优质内容。

微信公众账号发送的信息与微信朋友的交流信息一样出现在微信主界面，这既保证了信息的到达率是100%，也让微信信息区别于微博信息，对于用户不是可有可无，而是非看不可。

微信里对信息的转发只能发生在自己的小范围的朋友圈内，而不能转发给大范围的公众账号的听众，这极大降低了信息的扩散宽度。

总之一句话：在微信里"内容为王"。

什么样的人适合微信创业

微信创业既然是低门槛、高回报的一项创业项目，潜藏着巨大的创业机会，很多人都想试一试，这种想法确实没错。那么，我们有必要分析一下哪些人适合微信创业。

1. 企业管理者

对于小型企业，微信创业几乎是必然的选择。如今微信的便利为他们提供了一片广阔的天地，解决了中小企业产品"销售难"的问题。在微信平台上，中小型企业的销售不受地理位置、经营规模、项目等因素制约，只要能在互联网上共享资源，中小企业不仅能与大品牌平等竞争，甚至能开展全球经营。

2. 初创业者

初创业者在公司建立初期,知名度低,没有人知道,生意也就很少,开个微信账号,就能让客户知道有这么一家店铺。通过搜索引擎,消费者可以找到店铺的链接。这样店铺的知名度就慢慢建立起来了。

3. 自由职业者

不少自由职业者喜欢在网上开个店铺,他们开设微信账号,并不是为了卖多少钱,而是希望那些平时逛街所觅来的东西同样有人喜爱,其目的是通过与别人聊天来充实生活,寻找一些志趣相投的朋友。以此为契机,这些自由职业者还可以拓宽社交圈子,为今后的发展作铺垫。

4. 大学生

大学生对网络都比较熟悉,而且平时的学习生活比较清闲,做微信营销再合适不过了。还等什么,赶快行动起来吧!

5. 企业白领

企业白领在微信平台上可以体会到自己做老板的感觉,并且对于本身就在不停联络客户的白领们,这更像一种乐趣。每天下班,将自己买回来的新产品通过微信传到网上,并有所收益,何乐而不为呢?

6. 整天在线的人

整天泡在网上的人,更容易接触到先进的技术,可以把自己的微信账号打理得非常好。如果自己有专业特长,还可以成就自己的微信事业。

微商创业要做的准备工作

选择合适的货源

选择合适的货源对微商创业来讲是一个基本条件。货源的好坏，直接关系到客户是否会再次消费。对此，我们应该注意三个方面的问题。

1. 无论卖什么，一定要选择做正品

在刚做代理的时候，基本上都是上家卖什么，代理们就跟着卖什么，但是货的质量怎么样？是不是正品？效果如何？有没有售后保障？这些你都不知道，因为货不经过你手。但是如果你选择正品的货源，货的质量是由厂家来负责的，售后服务也是一样。所以你根本不需要担心。

2. 选择自己喜欢的东西去做

自己喜欢的东西，一般来讲自己尝试过，而且效果不错。因为你喜欢某款产品，所以你会全身心投入去经营。当然，要理性选择自己喜欢的产品，最好是选择大众普遍接受，自己又感兴趣的货源。

3. 选择精品

我们做微商代理，千万不能让自己的微店看起来像杂货铺，否则客户会觉得你不可靠，因为他们不知道你具体是经营什么的。而且你也没那么多精力去了解那么多产品的功能、性能，在宣传推广的时候很难做到位，这样就不能赢得顾客的信任。顾客会以为你那是假货聚集地，就算全部都是正品，你在客户心里也树立不了一个真正权威的形象。**一种专业的品牌，一定要让顾客提起你的名字，就会联想到你的产品。**比如提到星巴克，人们就会想到咖啡。这就是在消费者心里树立的一种权威的品牌形象。只有这样，才能把微店做得风生水起。

选择合适的品牌供应商

刚做微商的朋友，一定要注意选择合适的品牌供应商，这样不仅有利于快速赚钱，最重要的是你能从品牌供应商那边快速复制和学习他的经验，为自己所用，从而在短时间内成为行业专家。

我认识一个做微商朋友，开始的时候他也不知道应该找谁做上家，经过筛选，他觉得自己应该在以下

两家中选一家：一个是销量很高的批发商，另一个是没有任何知名度的卖家。考虑几天之后，这位朋友决定选择后者作为供应商。因为在那几天时间里，那个卖家耐心真诚地告诉他应该怎么做，传授给他很多经验。而那个批发商只是敷衍几句了事，因为他生意特别繁忙，根本没时间仔细跟他沟通，这让那位朋友对未来有一种很强的不确定感，所以他选择了那个没有什么知名度的卖家作为供应商。

我们在开微店时，最好是选择这种有诚意的品牌商，因为对方不仅能给你提供优质的服务，还能传授给你很多开微店的经验。刚开始使用微信创业的新手选择上家的时候通常会陷入三个误区，这会浪费大量时间和金钱，甚至导致创业失败。

误区一：盲目选择低价批发商

首先你要知道你做代理的目的是什么，主要代理的是上家的服务和经验。你觉得低价批发商能教会你什么？更低价的销售吗？那你还赚什么钱？所以说一个好的上家才能帮你赚钱。

误区二：盲目选择赠送礼品多的供应商

要知道礼品的价值在于质量，不在于数量，好的东西一样就够了。比如适合新手操作推广方法，这一样就能让你赚到不少钱。俗话说赠人以鱼不如授人以渔，给你再多的礼品，都不如教给你实用的营销经验，这样你才能有营业额。

误区三：盲目选择大批发商

首先，那些大批发商都很忙，不缺生意。他们会不会耐心指导你，就看你运气了。其次，他们的权威以及信誉都是厂家授权的，产品卖不出去才奇怪。他们的推广方法，对于信誉低的新手是否仍旧可行呢？

如果说一个好的上家是给你提供舞台的人，那么一个好的团队就是让你在舞台上发挥作用的人。**加入一个好的团队能让你特别放松，快乐赚钱，每天都有人分享心得和经验，你会不知不觉学到很多。**如果你身处一个钩心斗角的团队，挖代理、挖客户、恶性竞争等事情层出不穷，你会觉得特别累。

2 分钟学会开微店

微店就是帮助卖家用手机开店的软件。微店作为移动端的新型产物,任何人通过手机号码即可开通自己的店铺,并通过一键分享到 SNS 平台来宣传自己的店铺并促成成交。

微店这种快速建站工具的出现,使得微信上开店的成本大幅降低,未来每个人都可以自己开店,并轻松通过微信朋友圈获得流量。微信开店流程如下:

1. 到应用商店搜索"微店"并下载应用。

2. 一分钟完成注册，只需要输入手机号码，并绑定银行卡号即可。

3. 上传自己的商品图片，并分好类，标好价格。

4. 然后把这条微信分享到微信朋友圈，或者直接发给好友。

这样很快就会有人来买东西了,每达成一条订单,就会自动收到一条短信提示。一天之后微店就会把货款自动打到你绑定的账号中。

微店不仅降低了开店的门槛和复杂手续,回款也很快,约为1～2个工作日,且不收任何费用。

微信朋友圈电商,很可能将完全颠覆电子商务的格局。因为电商卖家最大的困惑便在于流量获取成本过高。大部分淘宝店主买不起广告,无法获取稳定的流量。而比较大的淘宝店主,因为广告价格越来越贵,利润也非常稀薄。

而社交网络有效解决了流量贵的问题。由于每个人都可以在微信上开店,这使得流量入口空前分散化。在这种社会化电商平台上,许多时候买你东西的是微信里面的熟人,彼此间信任感很强,适合卖高客单价、高毛利的商品。

怎样与好友快速成交

利用体验产品带动消费

在微信上创业，如何为自己的产品打开销路是让不少人头痛的问题，虽然自己跟朋友圈里的一些好友确实有一定的熟悉度，但是你在微信上卖东西，别人未必就会买。如何"让好友变成自己的客户"是绝大多数从事微商的人都会遇到的一个问题。要想有效解决这个问题，我们可以利用体验产品去成交第一批客户，并一次刺激老客户的二次购买。具体的策略如下：

1. 集赞赠送体验产品

把产品的外包装弄得好看一些，让产品看起来比较有档次，再给你所卖的产品拍上几张好看的图片；然后为你的产品写一段直击人心的文案，让别人看到文案就想把产品买到手；再把准备好的图片和文案放到朋友圈，最后加上一句："请把这条消息转发到你的朋友圈，让你的好友点赞，获得 30 个赞的人，将免费获得一份体验产品，获 60 个以上赞的人，将免费获得两份体验产品。把好友的点赞截图发送给我，即可领取奖品。"要想激发好友的互动热情，精美的产品、富有创意的文案必不可少。

2. 用体验产品做促销活动

如果你的好友数比较多，而且基本都是目标客户，但销量就是上不去，这时你可以考虑做促销活动。比如，你可以策划一个抢购活动，让好友去参与抢购，如果当天大家就把你预定的名额抢购完了，那么第二天再拿出一些名额，再做一次，以此来提高朋友圈的活跃度。

活动结束之后要写感谢语，把感谢语和卖出去的产品截图，用图文并茂的形式发布到朋友圈。这样的活动可能不会让你赚到什么钱。不过，初期营销的目的就是打响微店和产品的名气，所以别太计较这些。

3. 向特别的人赠送体验产品

找到自己朋友圈中微信好友比较多的朋友，拿出一些赠送名额给他们免费试用。然后邀请好友在微信朋友圈中分享自己的试用感受。这样既可以让他人有利可图，又能获得真实的产品体验反馈，有助于增加好友间的信任感。

4. 体验产品与知名品牌搭配销售

你可以买一些日常生活中比较知名的品牌产品，将其与你自有的产品进行组合，以比原价低一点的价格出售，这样可以塑造自有产品的价值，别人买了你的搭配组合产品会觉得很划算。当然，这样做的时候要根据自己的实际预算去执行，要把握好一个度。

微信朋友圈运营的十条经验

微信适合用于跟你的客户更好的互动，而不是营销工具，现在微信营销功能已经给神化了，很多传统营销机构都转型做微信营销培训，除了微信公众平台订阅号、服务号，连个人微信朋友圈也是他们营销战场，这里总结几点玩微信朋友圈经验，希望可以帮助读者正确理解微信营销。

1. 怎么使用微信群发好友

进入微信首页，点击右下方的"我"。点击"设置"，进入设置选项。在设置中选择"通用"选项。在通用中进入功能选项。在功能中选择"群发助手"。在功能设置群发助手里点击开始群发。在最下方选择新建群发。

2. 微信朋友圈如何只发文字

打开微信朋友圈，按住右上角相机按钮2～3秒钟。

大家注意一下细节，在80个字符或6行以内文字不会折叠，如果你有手机网站，在文字中你还可以放上你的网址，为你的网站带来精准客户。

3. 怎么增加个人微信好友

（1）将自己的QQ好友加为微信好友。

如何寻找目标人群并将他加为好友呢？除了宣传

自己的微信名片让别人主动加我们之外，我们也可以主动出击。QQ群是按照特定群体进行分类的，我们可以通过QQ群来找到各个行业的人群，也可以通过查找好友找到相应地区或者年龄段的QQ并加为好友。

（2）将手机通讯录的人加为好友。

因为有的人可能拥有自己的客户的手机号码资源，那么如何更快地加这些人为好友呢？将手机号码资源用txt或者office格式整理好（具体根据导入的软件来设置），就可以用豌豆荚或者QQ手机管家导入到手机通讯录上了。（导入之前，先取消自己的个人微信号与自己所用手机号码的绑定，然后再导入生成手机号码列表。导入完成之后，再重新将自己的个人微信号绑定自己所用的手机号码。这时，腾讯就会向你导入的手机号码列表中，已经开通了微信的人发一条推荐的信息，如果对方有兴趣，就可以点击添加你为好友。）

（3）你也可以把个人微信二维码、微信号通过媒体渠道宣传，如QQ群、网站、微博、QQ空间等。

4. 利用微信备注功能对用户进行分组管理

如果您的微信好友多了，大多数时候我们会记不住微好友的真实姓名，如果你想利用个人微信去影响身边朋友，就一定要标记好每个用户名称。

打开微信通讯录，找到好友，点击头像进入详细资料，点击右上角的"…"，接着点击"备注名"就可增加好友备注；备注格式建议行业+姓名，如SEO+名字。

5. 如何出现在微信通讯录最前面

（1）微信名称以A开头，如A01李国辉，如果中文字首位拼音是A开头，效果也一样，这个大家可以试验下，怎么样才能最靠前。

（2）让你的朋友把你设置为标星朋友，打开微信通讯录，找到好友，点击头像进入详细资料，点击右上角的"…"，点击"标为星标朋友"，这个标星朋友是否有其他功能，这个暂时未知。

6. 写好"个性签名"、微信名称

微信名称就像网站域名一样，让人容易记住，或是看到这个名称可以联想到你是做什么的。个性签名中不要忘记放入你的宣传目的，如卖产品，或是提供什么服务。

7. 微信朋友圈分享什么内容，什么时间发效果好

先搞清楚你的微信好友喜欢什么，或是你想达到什么样的宣传目的，再来定位你的发布内容，个人建议每天发布一至两条内容，过多会引起好友的反感；发布时间可以选择在早上7点、中午11：30分、晚上5：30分。

8. 个人微信一样需要互动

微信好友每一条内容下方，都可以赞或评论，相信你也经常赞或被赞……你喜欢别人的赞吗？你喜欢赞你的人更多吗？一定喜欢，因为这是人性的弱点：虚荣心。每个人都喜欢被赞美，被表扬。经常赞或评论，就跟经常电话交流一样，让你的好友能记住你。

9. 微信群

微信群是变化的人与人之间的关系，可以"被加入、可选择、随时退、随时进"，一个成功微信群要

能达成共鸣；一般的用户建微信群是 40 人，你可以建 M 个群和你的好友进行交流，注意要让大家对这个话题感兴趣，至于怎么让相关客户加你微信群，网上有 M 多推广方法，你可以尝试下。

（1）点击微信界面右上角的魔法棒图标，然后点"发起聊天"。

（2）勾选你想要添加到群里的好友，然后单击"确定"，你就建立好自己的"微信群"了。

（3）"微信群"创建成功！你可以群发送语音或者文字图片了。

（4）"微信群"管理：点击聊天界面右上角的按钮，如果选择"—"，然后点成员头像左上角的"—"就可以删人了；或者单击"+"，可以添加群成员。

（5）改"微信群聊"名称：点聊天界面右上角的按钮，然后选择"群聊名称"后，输入新的群名称，然后保存就好了。

想利用好个人微信朋友圈来宣传品牌或产品，需要使用 QQ 空间、微信公共帐号、手机网站、微博等移动端媒体，建议大家多看看圈子营销、数据库营销书籍。**在做微信营销时，请多思考什么内容对用户有价值，你是否能不断给客户提供价值。**当你不断给客户提供价值的时候，客户迟早会与你成交，并且这个成交的过程会非常轻松。

在朋友圈中推广产品的妙招

从商业的角度来看，有人的地方就有生意，人越多的地方，生意的机会就越多。所以，当微信的用户达到一定数量之后，很多人看到了微信平台的商业机会。微信朋友圈推出之后，就有一批人把生意战场、销售渠道等搬到微信朋友圈中，通过微信朋友圈去宣传、推广自己的产品。这时候,朋友圈不再是一个单纯的社交圈子,而变成了一个小型的交易市场。开始的时候人们可能会觉得新鲜,但是过多的广告也会让人反感。这就要求我们掌握一些在朋友圈推广产品或服务的技巧。

1. 营销试探

在朋友圈卖东西之前,可以将的产品图文信息发布到微信朋友圈,设置名额有限的互动竞猜,让好友参与互动,试探一下朋友的反应。如果朋友圈反应良好,可以按照既定策略宣传推广,如果反应较差则要调整推广方案。我们可以将这种方法称为"营销试探"。

2. 策划游戏

你可以在朋友圈中策划一个趣味性、互动性很强的游戏,同时设置一定的奖项,让你的微信好友参与进来。但要注意保持奖品的神秘性,这样可以激发好友的好奇心。然后你要为这个互动性游戏设定一个合理的期限。在此期限内你可以这样做:首先,公布游戏规则,当首批好友参与进来之后,你要跟他们互动。其次,在互动过程中,如果发现一些不错的反馈,要及时整理成文案发布到朋友圈。再次,将获奖的朋友名单截屏,发布到朋友圈中,以显示游戏的真实性,激发更多人参与互动,进而快速提升产品人气。

3. 软文推广

在朋友前开展互动游戏的时候,应准备好一段有

创意的文案,群发给所有微信好友。在编写产品信息时,也要注重软文推广,最好是用生活化的语言来诠释产品功效或产品的价值,这样微信好友才会有阅读兴趣。

微信群的运用策略

微信群就像客户交流室,我们在这里可以同时向许多人推广产品、收集客户意见等。把微信群经营好,有利于培养好友的忠实度,为产品销售奠定稳定的客户基础。要想把微信群运营好,应注意以下几个方面。

1. 建立微信群的基本要求

(1)群名称要规范。群名称要体现主题定位,能够让别人快速了解该群与主旨。比如微信营销交流群、微信营销创业交流群等。

(2)制定基本的规范。在创建微信群的时候要明确规定,群成员不能发广告,一旦发现此类人,要及时删除。当然,群内的各项规章制度也可以根据具体情况进行调整。

(3)明确群的价值。群主要为群设定明确的主旨,告诉大家微信群能为大家带来什么样的价值。这一点非常关键,关系到群成员的扩展。

2. 微信群管理规则

为避免微信群中出现无聊的刷屏现象,群主在管理微信群时应注意以下问题:

(1)避免问候刷屏。在群内,尽量少发早安、晚安等单纯的问候语。这些问候语通常没有实际意义,容易浪费大家的时间。群主要及时终止此类刷屏现象。

（2）直接表明主旨。如果有问题，直接在群中说明自己的疑问，直截了当地阐述自己的观点，这样的互动更有价值。

（3）私人问题，私聊解决。群主应该制定明确的规定，避免大家在群中闲聊，如果是私人性质的聊天，则提醒大家私聊互动，不要在群中刷屏。

（4）定期组织活动。如果微信群有一定的经济条件，群主和管理员可以定期举行线下的交流、聚会等活动，这样可以增进群成员的感情。

3. 运营微信群的策略

（1）信息内容的运营。在微信群中分享有价值的观点或文章；帮其他成员解答一些专业性的问题；在不违反群规的情况下，推送产品软文信息，但要注意产品推广不能太频繁。

（2）群会员的运营。为了保证微信群始终活跃，群主可以从群中挑选活跃度较高的成员，将其发展为会员，请其负责管理群中某些方面的事情。群主或管理员不在线的时候，微信会员还可以帮忙维持群内的秩序。

（3）微信活动的运营。除了日常学习互动外，群主还可以在群中发起小游戏、有奖竞猜等活动，这样能增加群成员的活跃度。

利用捆绑式销售达成交易

捆绑式销售，指的是把几个没有太大关系的产品联系到一起，进行统一的销售。捆绑式销售利用产品各自的优势，带动另外一种或几种商品的销售，以达到获取最大利益的目的。

捆绑式营销大致具有如下几个特点：一是在要进行推广的商品中，已经存在至少一种商品，具有较大的用户群体；二是各种商品的用户群体有一定的关联性；三是通过一种商品的促销活动，带动另外一种或几种商品的销售。捆绑式销售有如下几大商业优势：

1. 降低成本

以企业为例，有些企业会与其他企业合作，将自有产品与其他企业的产品捆绑在一起销售，这种做法可以为企业降低广告费用；通过捆绑式销售，企业还可以共享销售队伍，降低销售成本。

2. 提高服务质量

通过与其他企业共享销售队伍、分销渠道，使顾客能够更方便购买产品，得到更好的服务，从而增强顾客的忠诚度。

3. 提升品牌形象

弱势品牌可以通过和强势品牌的联合捆绑，提高品牌在消费者心中的知名度和美誉度，从而提升品牌形象。强势品牌也可以借助其他品牌的核心优势互补，使自己的产品和服务更加完美，顾客满意度进一步增强，品牌形象也更优化。

4. 增强抗风险能力

捆绑式销售其实可以看作是一种"强强合作"，不同的企业进行优势互补，能有效提升彼此的抗风险能力，企业可以根据市场变化及时调整销售策略，从而减少营销过程中的不利因素。

对于个人来说，捆绑式销售最显著的优势就是提高销售业绩。在平时的经营过程中，很多卖家都会通过各种各样的方式来开展捆绑销售。比如，通过产品组合把单品的价格拉低，满多少元减多少元。抓住了客户的心理需求，就能以适当的低价格拉升销售量，实现"薄利多销"。

至于微商，可以这样实施捆绑式销售策略：**创业初期，可以先选择一款单品，等这款产品卖火之后，再引进新产品，然后将新、老产品组合起来，借助老产品的人气和口碑来提升新产品的销量。**

客户转介绍攻略

客户转介绍，其实就是通过老客户来发展新客户。对于微商来说，这是推广产品、提升销量最简单、最有效的方法之一。然而，一般情况下客户是不会主动为商家做转介绍的。在保证产品质量一流的情况下，商家还要采取一些切实可行的好方法来促使客户转介绍。

1. 提供优惠

优惠券、转介绍卡、折上折、免费体验等都是切实可行的优惠策略，这些优惠主要是针对老客户的。只要老客户能介绍他们的亲朋好友购买产品，那么老客户就可以享受更优惠的价格，或者得到相应的转介绍提成。当然，我们也可以为新客户提供优惠。需要注意的是，为避免让老客户产生被忽视的心理，新客户的优惠度不要超过老客户。

2. 提供良好的售后服务

客户通常都很在意商家的售后服务。无论销售什么产品，我们都要及时解决客户反馈的问题,为客户提供便捷的服务,例如送货上门、定期维修等。售后服务好的商家,很容易获得客户的认同,而客户身边的亲朋好友看到如此好的服务后,也会愿意购买商家的产品。

3. 打造吸引客户的文案

有些商家在请老客户做转介绍时,通常会生硬地说:"您可以向身边的亲戚朋友推荐一下我们的产品。"客户当时可能会满口应承。但事实上,大多数客户在事后都会忘得一干二净。因为客户会觉得做转介绍对自己来说并不是一件有价值的事情。因此,我们要让客户相信转介绍是一件值得做的事情。

比起生硬的口头推荐,我建议大家用精彩的软文推广、及时的回访等方式来吸引客户。例如打造免费的期刊、电话回访等。期刊内容要有价值,除介绍产品的功效外,我们还可以加入一些产品妙用、保养等知识,让用户更好地体验产品性能,最后可以附上微店介绍、鼓励大家转介绍的信息等。至于电话回访,我们要先询问客户使用产品的感受,如果客户表示产品很好用,我们就可以请他做转介绍并表示介绍来的新客户可以享受优惠,而他可以享受到更优惠的价格。

4. 与转介绍客户取得联系

基本的方法是请客户提供转介绍客户的联系方式,之后你再找时间和客户约访。这种情况下要向客户了解下他要转介绍的客户的基本情况,做到胸中有数。

当然，最好的办法是请客户带你去见转介绍客户。如果你跟客户非常熟，也可以请客户当场给转介绍客户打电话，给你引见，你在当场和这个客户打招呼并适时约见。

让客户成为代理商

要让客户成为你的代理商，必须做好以下三方面的事项：

1. 设计完美的商业模式

所谓商业模式，主要是指给代理商的让利空间。以传统的服装行业为例，厂家给代理商的利润空间，即是在零售价的基础上进行打折，一般打 2～5 折。

那么，微商在招收代理的时候，也可以以传统行业为参照来制定自己与代理商之间的价格体系，此外还要从自身实际情况出发，制定适宜的让利空间。通常情况下，让利空间越大，越能够激起客户代理产品的冲动。

2. 打造良好的营销培训系统

客户成为代理商之后，我们最好能为代理商提供销售及营销方面的培训。 现在互联网沟通比较方便，我们可以通过在线培训的方式指导代理商掌握相应的营销技巧。培训工具通常是 YY 语音、QQ 群、微信群等。对于新加入的代理商，前期可以通过 YY 语音进行线上培训，内容包括销售话术、销售技巧，如何撰写产品的传播文案等，然后将经过培训的代理商加到代理商 QQ 群或者微信群。在后期，可以定期给代理商提供更加完善的培训，让代理商们把产品卖得更好，从而带动产品的整体销量。

3. 营造贴心的售后服务

售后服务在商业活动中的重要性我们已多次讲过。在过去，传统商业提供售后服务普遍依靠电话沟通，而现在社交工具的便利性越来越强，作为个人创业的微商，在招募代理商帮自己卖货的时候，除了电话之外，我们还可以利用 QQ、微信等社交平台向代理商提供售后服务。以微信为例，我们可以建立微信群，把所有的代理商加入群中，需要进货的人只需在微信群里把需要订货的数量写出来，按照相应的付款方式提交订单，商家即可安排发货。代理商在卖产品的过程中如果遇到问题，也可以在微信群中提出来，商家直接针对相关问题进行解答即可。

借助微信群等方式随时随地为代理商们提供贴心的售后服务，有助于强化代理商对产品的认可度，并能增进商家与代理商之间的感情。**如果商家能够提供优质的产品、有吸引力的利润空间和贴心的服务，那么代理商肯定愿意与商家合作。**

空间营销：不可忽视的营销利器

以下是 A5 站长网关于空间营销的论述，我们非常认同其观点，特在此向读者推荐：

相比于最新的微信、微博等载体，QQ 空间的营销能力一样不能小视，毕竟从历史角度来说，QQ 空间是它们的前身，所以 QQ 空间生存到如今必然是有其特点的，极强的生命力也是 QQ 空间营销的一个优势。而这极强的生命力更会随着时代的变化而不断变化，从原始的以文字为载体的博客形式，到现如今多姿多彩的展现方式，这种方式涵盖了视频、音频、图片等多种载体，也为营销提供了巨大的优势。虽然现在是一个轻阅读的时代,但是QQ空间的"说说"的应运而生也符合这一时代的特征。所以无论营销内容是短还是长,QQ空间都可以作为一个合适的载体,这种灵活性和时代性让QQ空间有着非常强大的生命力。

当然除了极强的生命力之外,QQ空间营销的第二大优势便是其强大的用户群体。对比一下微博用户,QQ用户的数量应该是全中国最多的。这样一个强大的用户群体基数,正符合了营销学之中基数的设定。在进行推广的时候,所获得的效果从理论上来说也更好,而且腾讯的用户不出意外的话会随着时间的推移不断增多,所以QQ空间也成为每一代用户必用的一个平台。而这样庞大的用户群体所带来的营销效应必然是极其客观的。从现如今的QQ用户群体可以看出,虽然年轻人居多,但是很多中年和老年人也在使用,也就是说幼年、青年、中年、老年用户全部涵盖其中。这种极强的覆盖性,试问现在哪一种营销方式可以比拟?所以说QQ空间庞大的用户基数便成了其极强的优势之一。

同时,正是由于这种基数以及腾讯对于QQ空间讯息传播的重视,其传播性也是一个非常大优势。**比微博的言简意赅和微信的朋友圈营销,QQ空间营销是将两者集大成而且有着自己独特的优势。** 根据相关的调查,一篇热门的日志从被发现到传播到火爆,最终所花费的时间甚至不会超过20分钟,即使是传播速度如此之快的微博也没有这样强大的能力,所以QQ空间虽然是元老级的营销空间,但是其传播性依然不可小视。

除了以上三点之外,QQ空间营销成功的另外一个优势还在于其连续性比较强的特点。这点虽然和传播性有些重合,但是连续性和传播性还是有一定的区别的,所谓的连续性,要从两个方面来讲:一是连续几天出现了同一个类型的传播内容;二是一段时间瞬间出现了多个相同类型的内容，这两点塑造出的优势便是其连续性。这种连续性能让营销者所需要的结果瞬间扩大，同时能起到一个火爆的作用，所以这种连续性带来的优势是非常强力的，能瞬间达到营销者想要的结果。

QQ空间营销具有高适用性，精确、有针对性，操作简单，成本低，回报高，而且有持续性，可谓当代社会不可忽视的一种新型营销。如果各位想要获得一个比较好的营销效果的话，不妨尝试一些关于QQ空间营销的活动，正是这种营销让营销变得更简单，而这也回到了开头的话题：

相比于最新的微信、微博等载体，QQ空间的营销能力一样不能小视。大家如果想要在推广上更进一步，空间营销真的可以一试。

QQ 空间实战营销技巧

QQ 空间的设置与技巧

空间主页只做五块：日志、说说、相册、留言、评论。

日志：发布成功案例，图文并茂。

说说：规律性的发布，分享对方感兴趣的内容和有意义的文章，持续提供超值的赠品（后面提供一些可供参考的成本不足 1 元的趣味礼品）。

相册：以大量的成交案例和成功案例作为展示，以 QQ 截图为主，配上使用产品后所达到的效果图。

留言：设置门槛，避免闲杂广告，以自问自答的方式来呈现比较好，如：XX 女士，客户用了这款面膜，真的能改善黄雀斑吗？

评论：可以用视频来代替。这个版块要灵活处理，依据不同产品形态做调整。除此以外的，全部取消。

日志必须具备的重要元素

定位：做任何东西都要定位，搞清楚自己是谁？想做什么？做的内容是给谁看的？QQ和QQ空间的角色尤其要清晰明确，要根据所做产品定好位，确定好角色。如果做的是减肥产品，那么你的角色可以是一名专业的营养师，也可以是一名瘦身成功的女性；如果是信仰类，信息量就要足够大和全，与此无关的统统不要出现在日志中！

配对：介绍主要产品的日志可以只推一篇最精华的日志，围绕这篇精华日志经常做修改，结合各种活动定期调整文案，优化日志页面，用十分的心思来精心打造你的红花！记住，一定要置顶！空间里大量的篇幅要写与主题相关的，但绝对不是赤裸裸介绍产品的内容；要将其他日志定位成绿叶，它们存在的目的就是衬托红花的。一定要牢牢记住不是专门介绍产品的，只是需要在内容中略微提到这个产品，这些内容和产品或使用人群有一定关联即可，内容中尽量引导用户进入置顶文章，把每篇绿叶日志都打造成最棒的知识性和专题性的内容呈现给你的读者。

来源：日志内容来源有几个方向：1）搜索产品的门户或行业网站；2）买相关书籍自己手打或下载电子版；3）订阅相关的杂志；4）减肥类、励志类、信仰类，等等。要根据所做产品定好位，确定好角色。

时间：日志最好是一天发2篇（早晚），说说可以一天发3～5篇，每天的不同时间段发，不要都挤在一个点上。经验表明，日志发布通常是在上午7～9点，下午6～8点，说说可以分别放在早晨7点、上午10点、中午12点半、下午4点、晚上9点左右，具体可以因人而异。

宣传：主要利用QQ群和群邮件，除此之外有个最快捷最有效的方法，就是让行业意见领袖转发你的日志。另外建立一个小小的团队，作为辅助，每个团队成员的qq名字可不同，但必须含有团队宣传的字样。空间排版，模块也是相同的。但每个成员之间的空间内容要相互转发。每个成员空间可发布不同内容。在每个成员发表日志后，设置链接可以是自己的，也可以是其他成员的空间链接。每个成员有自己的qq群，添加不同的qq群。其中一个成员的qq群，可让其他成员加入，以便于更好宣传。每个成员的空间排版必须有特色，如可以可利用空间背景音乐，找人制作自己的空间背景音乐，让访客更加了解自己。

关于日志，要注意以下两个问题：一是要坚持每天写日志进行分享，增加真实案例的展示，这个最重要，也最容易和读者形成黏性和互动性；二是要注意每篇日志的布局，不要乱留空白，这样会显得不专业。

空间使用技巧

1. 送礼物

细节提醒：登陆空间"个人中心"，选择右边的"祝福全部生日朋友"，弹出下框，选择"全选"，请一定要在赠言里署上自己的大名，最后点击赠送。如果是某位特殊的朋友，你可以选择定时赠送，亲自拟写一段文字，以表诚意，这也能让别人更容易记住你。

2. 祝福

你的好友很快会收到以你的名字署名的祝福卡，有时你也会收到答谢卡，总之互动一旦产生，你们就发生关系了，按照六度人脉，你成功地实现了第一度！

3．点赞

点赞就是赞好友的照片、日志、说说。人前是你赞同、分享、肯定了别人，人后是你成就了自己，借了人家流量拉拢了别人粉丝。

4．早上的说说

每天早晨起来看说说，很容易让人产生一种皇帝批阅奏章的感觉。国家大事潮水般涌来，需要迅速做出各种判断，提出各种建议，做出各种批复。每个人心中都藏着一个披星戴月上朝堂的皇帝梦，说说把人的这种情结激活了。

5．签到

在"个人中心"的右上角，通常会出现下面的提示，按照红色箭头指示操作即可，目的很简单，直接提高曝光度。

6．上传相片

空间相册绝对是个吸流的好地方，每张新相片的上传，腾讯会在"个人中心"的右下角显示"你可能感兴趣的照片"，这时，就该轮到你发挥赞功了。

7．建群

组建一个属于自己的群，成立自己的行业小圈子，当你成为3个人数在500以上、成立时间在一年以上的中等质量的专业群的群管理员或是群主时，你就基

本可以旱涝保收了。

8．开通黄钻

花点小钱，在官方购买每年120元，淘宝上买有优惠，这样你可以享受很多的黄钻特权，最有用的特权有2个，一个是QQ好友列表上的黄钻标志，二是实现视频上传，视频被百度收录的权重比是最大的。注意给视频取个好名字，这个名字一定要与名人热门事件挂钩，即使内容不相关也没关系，目的是吸引人点击，流量来了，财富就来了。黄钻可以最大限度地发挥空间的功能，无论是空间装扮还是日志信纸模板、动态头像，都对做推广有好处。

9．发布时间

通常来说，上午9点半和下午6点半是发布新信息的最好时机，这个时间段可以让你的日志牢牢锁定在读者排行榜前三名。当你的竞争对手在吃晚餐时，你已经写好日志了；当别人准备浏览网页和空间时，你的日志刚好就出现在他们最美妙的时间段里，这时你的日志便堂而皇之地出现在众多好友的"我的空间动态"的首页，轻轻一点，流量就来。

群发需要注意的细节

1．如果是大号发，首先和群主私聊，向群主提请你的需求，请他通过；如果是小号，发了就闪人，即使让群主和管理员讨厌，但你发的内容如果能让群里的人感觉有用，还是会达到引流的效果。不过，你要是用个新买的号发，腾讯会判断你乱发广告，会冻结你的小号，这个是有次数限制的。

2．你发的是日志，日志链接发上去，自动会有标题和摘要，别人会对你的日志有所了解，知道大概是个什么东西，就不会反感了。另外如果你发的是日志链接，大家一看就知道不是什么病毒网站，也敢放心去点击。

3．在每篇日志结尾处留个 qq 号码，每篇日志最好配一张相关性的赏心悦目的图片，可以在图片上打上水印 LOGO。如果想要进一步收集客户数据，可以留一个邮箱订阅。

4．利用一切可能的资源，分享转播评论到微博，并指定哪些好友来关注你的分享。

QQ 空间营销技巧

QQ 空间是一个强大的网络营销工具，可惜很多人都忽视了。这里跟大家分享这一有效的网络营销方法。

1．广告链接

既然是做 QQ 空间营销，就必须让潜在客户了解你的广告信息。最好把广告信息写成一篇有诱惑力的文章（标题尤其要有吸引力），文章里一定要留下详细的联系方式，并且还可以插入产品图片。要在每篇文章的结尾，给广告文章做一个超级链接。链接请注意一定要用红色粗体标出，这样才显眼。要引导潜在客户去立即点击那个红色的超级链接。记住，潜在客户在读完文章后，只有 1 秒钟的时间继续停留。要利用这 1 秒钟的时间，引导潜在客户去立即点击你的广告。

2．写原创文章

QQ 空间其实就是一个博客，所以要利用 QQ 空间做好营销，原创文章的写作是最基本的。QQ 空间相对私人化，所以可以多写心情日志。心情日志更加逼近人的内心，情感更加真实，所以很能够取得潜在客户的信

任。但是，QQ空间里也不能全是心情日志，要适当写一些商业文章。

3．转载功能

对于会写文章的人来说，他们通常会写一些令人感受到很高的价值的文章。对于这类文章，QQ上的很多好友都会不自觉地去转载。当好友转载了文章后，文章同样会出现在好友的好友的空间动态里。这个跟"分享"有同样的传播功能。平常在好友的QQ空间里，你一定能看到他们转载的一些看起来非常有价值的文章。这个时候，你也可以转载过来。但是一定要注意一个细节：转载过来之后，一定要对这篇文章进行编辑，在文章末尾留下你的广告文章链接。因为这类文章被转载的概率很大，所以当你的QQ好友看到后，他们也会不自觉地进行转载。这样，你的那篇广告文章就会一起被转载过去。如此一来，就会形成源源不断的病毒式传播。

4．相册功能

相册是一个上传图片的地方。你可以多上传产品图片，但是也不要忘了上传个人的生活照片。上传产品图片，是为了让潜在客户了解你的产品。上传个人生活照片，是为了让潜在客户知道你大概是个什么样的人，增加信任感。这两者缺一不可。

5．适当回帖

QQ空间是一个私人空间，所以进入你的QQ空间的人，都是"好友"的身份，虽然很多好友你根本不认识。所以，对于好友，互动交流比较重要。对于一些好友的评论，可以适当地回帖，加强沟通。

6．QQ签名

QQ签名是一个很重要的细节。大多数人在QQ签名上写的是产品信息、联系方式。这固然对。但也不能长期保持同样的信息。这个世界上，无聊的人永远占大多数。所以，你的潜在客户，不要以为他们整天在忙，其实他们每天闲的时间很多。当谁的 QQ 签名上有新的签名的时候，他们往往会很快就发现。所以，你要迎合潜在客户的这种心理，经常更新你的 QQ 签名，让他们经常关注你的 QQ。如果你的 QQ 空间里发表了新文章，也请在 QQ 签名上写出来，告诉他们。这样可以引导他们第一时间来看你的新文章。

QQ 上的好友，他们会长时间地观察你，直到他们认为可以相信你的时候，他们自然会向你下订单。

7．升级 VIP 会员

普通 QQ 最多只能容纳 500 个好友，而 VIP 会员可以容纳 1000 个好友。同一个 QQ 上的好友增多，可以提高你的 QQ 空间的人气。因此，可以考虑升级为 VIP 会员。

8．经常更新

QQ 空间应该经常更新，而不是常年一潭死水。如果想做好 QQ 空间营销，就请记得经常更新 QQ 空间，让 QQ 空间活跃起来。这样会把 QQ 上很多的好友激活，从而提高转化率。

这里还要注意一点：一定要控制转载文章的比例，如果别人一进入你的 QQ 空间，放眼望去，几乎全都是转载的，那样，很多潜在客户立马就跑掉了。因为没有几个人喜欢看转载的文章。在 10 篇文章里，转载的不能超过 2 篇。

QQ 空间和腾讯微博的融合营销

微博和 QQ 空间的融合可以说是腾讯的一种创新，一方面依托 QQ 的巨大平台的效应，能够迅速地让腾讯微博火爆，目前腾讯微博在国内使用人数已经超过近两亿，可见腾讯微博的巨大人气，而腾讯微博和腾讯空间相互内容共享，更容易让 QQ 空间里面的内容得到广泛的传播，比如在 QQ 空间或者腾讯微博上，每天更新一篇有关产品的商品图片，或者有关商品的最新使用技巧等等，都能够吸引众多使用这类产品的粉丝的疯狂转载，可见这种营销效果的巨大作用！

QQ 相册就好比商品展示平台，细节化很重要

其实 QQ 空间里面的相册功能，只要稍微改变一下思路就能够把这个相册功能变成一个良好的产品展示平台，就类似淘宝网店那样。产品展示的时候，石膏线一定要尽可能展示细节，在图片说明上写明功能，有的时候，还可以贴上产品的使用技巧。

面子很重要，打造体验度良好的 QQ 空间

所谓的面子工程，是提升 QQ 空间用户体验度的重点，QQ 空间最为重要的就是能够吸引人，如果空间搞得很邋遢，又没有主题，又没有美感，自然很难吸引用户，不过 QQ 空间的装扮也没有那么复杂，主要就涉及页面模板、图片、相册、背景皮肤、音乐。个人以为音乐最好不要有，一方面打开的速度比较慢；另一方面，你喜欢的音乐，别人不一定喜欢，所以，"无"比"有"好！

QQ 空间营销的重点，软文

QQ 空间，日志是一个非常重要的营销舞台，也是 QQ 空间的重心，要想 QQ 日志具备很强的营销效果，软文营销是少不了的，比如现在很多有关减肥的软文发布到网站上，在百度新闻上根本就收录不了，此时将这些软文通过 QQ 空间来进行营销，再配合一些图片，你会发现，在 QQ 营销的效果，甚至要比简单地发布到网站上来营销效果还要好，因为 QQ 空间上的好友，有着定向的转载特性，这种定向转载往往能给你的网站带来定向流量，提高流量转化率。

2015年做好微商的五大要点

最后,引用微讯科技联合创始人兼CEO,网名为jonwel的陶伟强的观点作为本书的结尾。作为网络营销的资深专家,陶伟强总结了2015年的微商方向,归纳为五大要点:

1. 内容为王,为粉丝提供价值

微信之父张小龙指出,"我们希望鼓励有价值的服务。对一些内容,大家也会发现我们平台会采取一些比较严格的措施来控制它。譬如说,各种诱导类的内容,诱导用户去分享朋友圈的。我们会一直把握一点,哪些内容是对用户有价值的,哪些是没有价值的。我们鼓励真正有价值的服务出现在微信的公众平台里面。"

2014年从事微商,通过在朋友圈发产品广告,或者通过微信公众号卖货,或多或少都会有收斩获,甚至有人因此短期内大发了一笔。但在这种情形很难在2015年持续下去了。对于微商而言,只有那些擅长粉丝经营,注重内容营销的务实者才能持续稳定地获利。**粉丝经营和内容营销的秘籍是"时刻考虑为你的粉丝创造价值"。**长久之道的做法是通过精彩和原创独到的内容源源不断地吸收和维系粉丝,在潜移默化中如春雨润物般将产品的价值传递至目标客户的心中,让顾客产生"这正是我想要的"、"可找到你了"这种相见恨晚的抢购心情去主动完成购货。这才是微商的最高境界。

2. 实物竞争日趋激烈,提供特色服务或是2015年微商新机会

张小龙谈及微信的LBS定位功能时,是如此表述的,"过去……,一个商铺可能要找一个非常好的地段才会有价值,但是移动互联网的人流其实不太依赖于地理位置的一些限制。譬如说一个盲人按摩师,他可能不需要去租一个铺面,只要他的手艺足够好,那么他就可以在一个不是很好的铺面里去提供他的按摩服务,我们希望能够给那些没有地理优势的商家也能带来一种非常好的顾客访问量。"

2014年，微商都在主打实物，面膜、水果、服装、零食、珠宝、减肥药……而按照张小龙提供LB功能的初衷，他也许更看好O2O模式的服务微商。具备特色服务的商家如果下功夫研究微营销和微商的机制，充分利用微信公众服务号和订阅号实现线上营销、再结合商家本来有的线下服务的优势，必将成为2015年微商的新方向。

3. 越来越多的个性化商品将在微商中脱颖而出

移动互联网爆发之前，销售个性化商品的小商家往往因为受制于渠道费用的昂贵，难以大规模推广。微商的日渐流行无疑为这类个性化商品提供了一条低成本、高产出的渠道。如前所述，从事微商，内容为王，越是个性化的商品，越有可能产生个性化的内容，因此个性化的商品在吸引粉丝和维系粉丝上就有天然的优势。此外，个性化商品因为非标准化产品，商家往往在定价权上掌握较大的主动性，避免了粉丝们的四处比价，要知道，从淘宝开始，网民们对网店的商品价格就异常敏感，微信使得消费者可以随时随地获取大量资讯，因此同样的商品，价格往往成为消费者考量的最重要因素；而个性化商品因为其独特的价值有效规避了同质化，从而使得价格无从比较，商家因此获得了较大的溢价空间。可以预计，2015年越来越多的个性化商品将在激烈的微商竞争中脱颖而出，这是欲在微商行业中分一杯羹的商家们需要关注的方向。

4. 重视二维码的推广，加强线下流量的收集

关于二维码，张小龙指出，"流量的入口可能在二维码里面……从线下来说我们认为二维码是一种很好的方式。"

2014年，微商已经无所不用其极，当线上的流量和社交链条正趋于枯竭时，2015年比拼的可能是线下的流量。餐馆用"微信连Wifi"来将食客导向自己的微信公众号，线下的路边店用"微信打印机"将路

过的人们导向自己的微信公众号，都是收集线下流量，把顾客转化为自己粉丝的方式。各位做微商的朋友，可以思考如何将自己的二维码利用好，去线下收集流量了。例如，你是一个卖水果的微商，是不是可以去这类相关的线下店附近发传单？是不是可以去幼儿园，到接孩子的家长们那里去营销？

5. 让自己的内容更好玩、互动，更好地吸取社交流量

公众平台，就像订阅号一样的，这里面有非常多的阅读量来自于朋友圈，这是符合2/8原理的：20%的用户到订阅号里面去挑选内容，然后80%的用户在朋友圈里阅读这些内容。这个流量能够发生作用，但是一切都是在用户认可的情况之下发生的。

微商的本质是社交电商，如果你还在简单通过朋友圈发广告，这不是真正的微商。真正的微商，要让自己发的内容在朋友圈传播起来，这样才能让社交流量到你这里。笔者总结了两个关键词：好玩、互动。好玩，就是内容要好玩、有趣，这样才能引发传播。互动，就是要让内容和朋友们强关联，他们会不自觉地参与进来。每个人都有虚荣心，都想对自己的朋友显摆一下。只有深入研究人们的心理，才能真正引发社交的传播，最大程度地吸取社交流量。

《财富第六波——在家微创业》众筹发起人领袖榜

禹 路	晨讯传媒创始人		王晓芳	北京聚商圈网络科技公司创始人
艾 莫	加拿大互动成功集团董事长		郑 珂	美罗国际集团董事全球教育总裁
孙晓岐	中国企业家品牌教练		王嘉铄	深圳缘康福健康养生管理有限公司董事长
胡 军	晨讯传媒集团创业合伙人、执行董事		宫骏隆	隆力奇定制营销五星董事
胡国安	绿之韵集团董事长		史宜昆	隆力奇定制营销四星董事
徐浩然	浩然天下资产管理（北京）有限公司董事长		许一进	南京海畴投资管理有限公司总经理
王淳枫	健力达控股联合发起人		唐向前	淘众福 CEO
萧慧玲	鼎达教育首席国际名师		李济帆	晨讯传媒综合管理中心主任
孙承春	当代商报集团高级合伙人		任天纬	完美资深客户总监
金 洋	湖南极太集团董事长		王 勇	国学教育培训万人消费系统创始人
赵 勇	上德体系创始人		费再飞	亚洲飞跃颠峰集团有限公司董事长
文伟军	中山理科生物科技有限公司总裁		刘勇军	晨讯咨询合伙人
刘文明	文明传播机构董事长		陈丽娜	弘晟系统创始人
胡 汛	晨讯传媒集团合伙人		段皓天	正和系统创始人
张兴淼	水肤兰（北京）生物科技有限公司董事长		李政沅	正大联盟创始人
郭延明	新西兰安发国际控股有限公司市场总监		奉 子	晨达淘房创始人
何 涛	大中华系统创始人		胡少怀	直销教练技术研发主训
陈秀才	尚道国际创始人		姜滨英	金星国际创始人
谭洪祥	三生众和系统创始人		陈晓星	内蒙古宇航人公司副总经理
钱人齐	532 国际创赢系统创始人		张惠芬	天津和治友德制药有限公司国际教育顾问

《财富第六波——在家微创业》众筹发起人领袖榜

李少伟	六合系统创始人	勤彭蓁	西藏拉萨弘泰格来房地产有限公司董事长
于爱军	权健亿源体系创始人	杨　华	隆富集团总顾问
刘　凡	东方药林药业有限公司总经理	苏　师	乾宇国际总裁
周慧灵	普天春芐菻系统创始人	何天顺	上海引爆点商务咨询有限公司董事总经理
王敬民	仁和无极系统领导人	杨洪涛	榜样商学院院长
吴沅霖	中国十大杰出训练导师	袁有贞	中山市理科虫草制品有限公司财务总监
王　岷	晨讯鼎达教育合伙人	余朋飞	嗨乐圈电子商务有限公司董事长
蒋运权	三株福尔制药有限公司执行总裁	黄健伦	太阳神五星董事、全国市场督导
徐　昱	安然公司华旗系统创始人	王海舟	安然公司钻石系统创始人
廖恒辉	晨讯鼎达教育金牌培训师	李海铭	三八妇乐众智体系创始人
何碧仪	中山理科微商总监	欧阳继延	湖南科迈生物科技有限公司董事长
段守平	中国职业经理人	丁　亮	康婷阳光旗舰系统宣传部长
姜炳丞	弘晟系统教育部教育总监	易文革	易道国际创办人
赵茂喜	欧瑞莲钻石系统创始人之一	张晋菘	绿之韵集团低碳产业事业部总经理
李　棋	弘臻晟科技有限公司法人	冯奕达	著名职业经理人
常正威	理想弘晟系统万店连锁项目总监	封云峰	美罗国际智慧系统健天下体系创始人
何志永	弘晟系统财务总监	王卫兵	苏州绿叶日用品有限公司商学院执行院长
郭家成	弘晟系统高级讲师	田　肃	三生（中国）行政销售总监
赵巍程	三生（中国）教育培训总监	李　越	晨讯传媒集团北京公司总经理
严梦云	云南楚雄彝人古镇大酒店有限公司执行董事	杨志中	武林风控股集团董事长

《财富第六波——在家微创业》众筹发起人领袖榜

李保勤	永春堂董事长特别顾问	张永明	全然酵素科技发展（大连）有限公司总经理
王梓宇	杭州喻蓝科技有限公司董事长	刘　朔	权健集团永成体系联合创始人
李宏伟	权健集团 3D 体系创始人	刘　晶	三株福尔制药有限公司副总裁
王艺霏	恒辉国际系统创始人	张将祖	湖北彭墩电子商务有限公司董事长
胡述云	德州燕陵生物科技有限公司董事长	闫育纲	海东青教育机构总裁
吴志鹏	三株福尔制药有限公司总裁	王　宁	怀化市西部知识产权代理有限公司董事长
张思玲	青岛太力健本草肉灵芝有限公司董事长	王美娥	权健集团 3D 体系华阳团队领导人
张宝文	香港道泽环球投资有限公司董事长	邵玉鹏	买多网董事局主席
张淑莲	全然酵素科技发展（大连）有限公司董事长	黄禹尊	3589 行销理论创始人
齐善玉	三株福尔制药善源系统创始人	寇晓一	深圳市养悦源健康产业有限公司董事长
龚金夫	浙江三亨生物科技有限公司董事长	袁　源	荟生（海南）健康产业有限公司总经理
杨细华	湖南双原生物科技有限公司董事长	陈　炜	健力达（中国）投资控股集团董事
祝玉华	中雄股份董事长	齐柏延	健力达投资国际公司总裁
董晓明	世界中医针灸养生发展促进联盟副主席	刘松艳	晨讯文达商学院总经理
安中原	杭州欣叶生物科技有限公司营销总裁	张一斌	深圳倍得力健康产业有限公司总裁
屈纪宏	权健集团 3D 聚缘体系创始人	卢玉堂	苏州女人家健康管理有限公司董事长
杨四强	湖南省宁乡县楚兴能源有限公司董事长	李建璋	洛阳微达网络科技有限公司执行总裁
邵　曼	湖南炎帝生物工程有限公司荣誉董事	黄熙茗	微达国际商学院常务院长
瞿铭一	微达国际商学院院长	王　超	超越联盟创始人
唐辉勇	三生（中国）532 奔驰团队创始人	贺　涛	晨讯传媒鼎达教育合伙人

《财富第六波——在家微创业》众筹发起人领袖榜

谢桂冬	晨讯咨询公司总经理	朱胜利	武林风酒业有限公司宣教部主任
戴 荣	国际低碳志愿者协会会长	高雅楠	核心系统教育总监
陈武昌	孝记德众筹创始人	高建伟	武林风酒业有限公司市场部经理
吴弈德	仁德咨询训练师	张爱芳	武林风领航系统领导人
沈 义	西北农林科技大学葡萄酒学院客座教授	陈麒羽	万泽在线资产包营销副总
田红英	康婷中鼎系统聚鑫联盟大同博爱团队创始人	叶 莹	掌上人脉科技有限公司营运总监
李圆福	厦门圆福电子商务有限公司董事长	陈勇君	广州光子魔力化妆品有限公司总经理
卫同俊	衡阳市绿韵阳光营销咨询服务有限公司总经理	毕晓君	金星国际领导人
任丛民	绿之韵集团二星至尊皇冠	唐建辉	副主任医师
苗志成	田园系统创始人	吴俊良	清华大学 EMBA 工商硕士
姚雨姗	三株福尔制药市场总监	袁东汉	直销系统策划人
刘秀峰	三株福尔制药善源系统市场营销副总	李居安	原南方证券经济评论员
李玉霞	三株福尔制药福圆上医系统创始人	蒋 雄	中国策划协会副秘书长
李 远	鲁商福瑞达康妆大道志同国际系统创始人	丘少勤	福建省上杭县残疾人康复医院联合创始人
赵英旭	炎帝紫薇系统创始人	唐薪然	532 国际创赢系统创始人之一
喻诚杰	武林风星级董事	李国明	博航国际系统创始人
陈晓东	武林风电子商务有限公司总经理	徐宏通	权健舍得系统创始人
闫秋玲	武林风市场管理委员会副会长	刘享林	权健集团铁拳系统创始人
孙春平	武林风二星董事	吕昌盛	三株福尔制药高级经理
陈明权	武林风酒业有限公司市场管理委员秘书长	牟三祥	经济师
吕坤鹏	武林风酒业有限公司市场部经理	徐新程	

联合发起人

CROWDFUNDING

孙晓岐　奇迹汇创始人　国内品牌权威

艾莫　国际创富教练

徐浩然　享受国务院政府特殊津贴专家　中国首个品牌博士

定位
服务全体直销人，并忠诚维护这一群体的利益，用诚信及专业誓死捍卫这一平台。

范围
众筹（创投平台）　网贷（创业贷款）　社群（社交＼资讯＼课程）

项目标准
A. 进入168众筹平台的项目必须风险少，收益高，适合全体会员进行资源转化；

B. 与直销人工作及生活息息相关的图书出版、电影、电视剧、电视节目、互联网工具项目为平台首选；

C. 收购经济下行周期被严重低估的资产，可以被直销人持有并消费的项目，如别墅、酒店、养生度假区、空置地产等。

直销邦168众筹

禹 路
晨讯传媒产业机构总裁

禹 博
九鼎投资合伙人

蒋慧玲
亚洲销售女神

晨讯 Eninfo

服务直销 20 年
中国直销全资源整合平台
全球直销一站式服务超市
晨讯传媒产业机构

《财富第六波·在家微创业》
首个众筹项目
火速关注

　　成立于 1996 年，是中国首家也是最早的专业直销资讯服务企业。企业拥有 800 种书报刊的财经资讯中心数据库，研究合作机构覆盖国内外 23 家工商院校、全球 500 多个直销企业资讯采集分析点，积累了 20 年的直销理论研究经验。公司多年来恪守诚信经营的理念，多次被广东省人民政府授予"年度诚信经营示范企业"称号。

全国路演

北京站

长沙站

沈阳站

天津站

全国路演

郑州站

贵阳站
《财富第六波》新书发布会
暨168众筹首轮分红会
中国·贵阳
分红支票
贰仟伍佰圆整

北京站

长沙站
《财富第六波》新书发布会

济南站
《财富第六波》新书发布会
禹路服务直销二十周年感恩答谢晚宴
中国·济南

媒体报道

媒体报道

南方日报 高度决定影响力

2015年11月6日 星期五 返回头版 版面导航 标题导航 往期报纸

互联网的力量

2015-11-06 我有话说（111人参与）

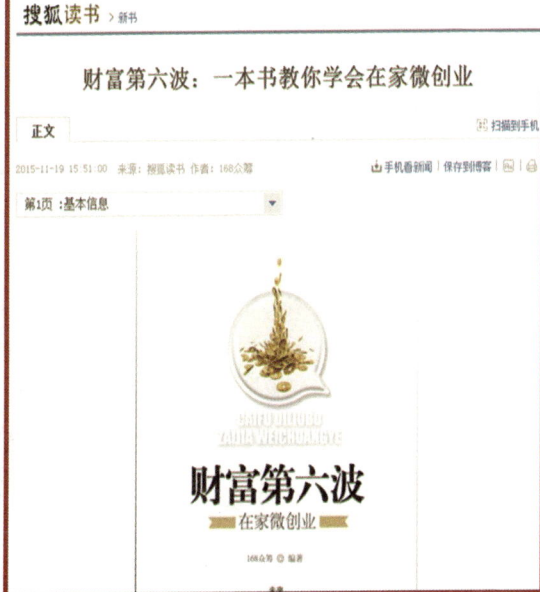

搜狐读书 > 新书

财富第六波：一本书教你学会在家微创业

正文 扫描到手机

2015-11-19 15:51:00 来源：搜狐读书 作者：168众筹 手机看新闻 保存到博客

第1页：基本信息

500

TOP

TOP 500 ENTERPRENEUR CLUB

500强企业家俱乐部

传播力——构建主流媒体的聚合平台
公信力——构建社会名流的社交平台
影响力——构建跨界交叉的高端交流平台
理念：为企业找资源，为资源找平台

为什么要出一本畅销书？

出一本畅销书，可以使更多的人了解您企业的的产品服务
出一本畅销书，可以将您企业的产品及服务推广到全世界
出一本畅销书，可以使更多的人知道您的创业故事及经营企业的使命，从而为您的企业创造价值
出一本畅销书，可以使更多的人了解您企业的目标，从而帮助您吸引顶尖的人才
出一本畅销书，就有了永不休息的业务员，印1万本书就有1万个业务员，印10万本书就有10万个业务员
出一本畅销书，在全世界被证明是最省钱、最有效、最能建立企业品牌的方法

服务热线：13377711120

N